Paris

1841

Mémoires
du Comte Jean de Coligny-Saligny

MEMOIRES

DU COMTE

DE COLIGNY-SALIGNY.

A PARIS,

DE L'IMPRIMERIE DE CRAPELET,

RUE DE VAUGIRARD, N° 9.

M. DCCC, XLI.

MÉMOIRES

DU COMTE

DE COLIGNY-SALIGNY,

PUBLIÉS

POUR LA SOCIÉTÉ DE L'HISTOIRE DE FRANCE

PAR M. MONMERQUÉ,

MEMBRE DE L'ACADÉMIE ROYALE DES INSCRIPTIONS ET BELLES-LETTRES.

A PARIS,

CHEZ JULES RENOUARD ET Cⁱᵉ,

LIBRAIRES DE LA SOCIÉTÉ DE L'HISTOIRE DE FRANCE,

RUE DE TOURNON, Nº 6.

M. DCCC. XLI.

EXTRAIT DU RÈGLEMENT.

Art. 14. Le Conseil désigne les ouvrages à publier, et choisit les personnes les plus capables d'en préparer et d'en suivre la publication.

Il nomme, pour chaque ouvrage à publier, un Commissaire responsable, chargé d'en surveiller l'exécution.

Le nom de l'Éditeur sera placé à la tête de chaque volume.

Aucun volume ne pourra paraître sous le nom de la Société sans l'autorisation du Conseil, et s'il n'est accompagné d'une déclaration du Commissaire responsable, portant que le travail lui a paru mériter d'être publié.

———

Le commissaire responsable soussigné déclare que le travail de M. MONMERQUÉ *sur les* MÉMOIRES DU COMTE DE COLIGNY-SALIGNY, *lui a paru digne d'être publié par la* SOCIÉTÉ DE L'HISTOIRE DE FRANCE.

Paris, le 1er Mai 1843.

Signé A. TAILLANDIER.

Certifié,

Le Secrétaire de la Société de l'Histoire de France,

J. DESNOYERS.

NOTICE HISTORIQUE

SUR LE COMTE

DE COLIGNY-SALIGNY

ET SUR SES MÉMOIRES.

L<small>E</small> comte de Coligny-Saligny, dont nous publions les Mémoires, jeta sous Louis XIV un dernier éclat sur son illustre maison. C'était un de ces personnages chevaleresques qui ont fait l'ornement du grand siècle. Voltaire, parlant de Coligny, le place non loin de l'amiral. « Le comte de « Coligny, dit-il, seul reste de la maison de ce « Coligny, autrefois si célèbre dans nos guerres « civiles, et qui mérite peut-être une aussi grande « renommée que cet amiral par son courage et par « sa vertu.... [1] » On aime à étudier ces caractères originaux ; on voudrait connaître toutes les particularités de leur existence. Nous avons cherché à réunir dans cette Notice ce que les Mémoires du temps nous apprennent sur ce gentilhomme.

---

[1] *Siècle de Louis XIV*, chap. VII.

Attaché à la fortune du prince de Condé, Coligny l'imita dans sa rébellion. Sa loyauté en était blessée; ses écrits sont partout empreints de son profond regret. Lié par un devoir dont il n'avait pas calculé les bornes légitimes, plutôt qu'entraîné par une affection que repoussait la hauteur et le profond égoïsme du Prince, Coligny persista dans cette mauvaise voie tant qu'il vit Condé malheureux; mais aussitôt que ce dernier eut été rétabli dans ses honneurs, vaincu par les cris de sa conscience, Coligny tomba aux pieds de son Roi. Condé ne lui pardonna jamais ce qu'il regardait comme une défection; de ce moment il accabla Coligny de ses dédains, et ne cessa de l'abreuver d'outrages. De là cette haine profonde de Coligny contre un Prince auquel il avait tout sacrifié, sentiments personnels, intérêts de famille, convictions, gloire, fortune. De là ces expressions injurieuses, que n'excuse aucune position, par lesquelles il flagelle Condé toutes les fois que son nom vient à se rencontrer sous sa plume. Il est entré sans doute une violente passion dans la haine de Coligny; l'homme qui insulte n'est pas de sang-froid, et son témoignage perd beaucoup de son poids; mais l'inexplicable conduite de Condé envers le gentilhomme n'est-elle pas la cause de cette violente irritation? Coligny

est blâmable; tous les torts lui appartiennent-
ils? Il porte trop loin, sans doute, son opiniâtre rancune, mais aussi comment les violences du Prince à son égard trouveraient-elles
des excuses?

Il y a plus de vingt ans que nous possédons une
copie des *Petits Mémoires* du comte de Coligny.
Vers l'année 1823, nous fîmes à nos honorables
confrères, messieurs les bibliophiles français, la
proposition d'imprimer à petit nombre d'exem-
plaires ce document dans nos *Mélanges.* Cette
demi-publicité nous aurait suffi, et cependant
nous éprouvions encore beaucoup d'hésitation.
Les bibliophiles français partagèrent ces scru-
pules. Il leur répugnait, comme à nous, d'offenser la mémoire du grand homme dont Bossuet
avait dit : « Quelle partie du monde habitable
« n'a pas ouï les victoires du prince de Condé et
« les merveilles de sa vie? » D'ailleurs, nous
disions-nous, quelle réputation pourrait être à
l'abri des attaques d'un homme haineux et atra-
bilaire? Coligny se montrait trop violent pour
être vrai; ses outrages pouvaient être le produit
d'une imagination que les malheurs et la solitude
avaient aigrie. Les bibliophiles français renoncè-
rent à publier les *Petits Mémoires.*

Cependant cette œuvre singulière n'était pas

inconnue; dès l'an VIII (1799), des fragments
en avaient été insérés dans le *Mercure de France* [1],
et les auteurs du *Nouveau Dictionnaire historique*, commencé par Chaudon et Delandine, les
avaient empruntés à ce recueil avec une sorte de
complaisance [2]. On devait donc s'attendre à voir
bientôt publier l'opuscule. Cette considération et
le désir de faire une chose agréable à un homme
honorable, nous déterminèrent à communiquer
notre copie à M. Musset-Pathay, le patient et con-
sciencieux éditeur de J.-J. Rousseau, qui, en 1826,
ensevelit les *Petits Mémoires* dans un volume
intitulé *Contes historiques;* c'était un ouvrage de
circonstance; il ne remplissait aucune des conditions qui font vivre les œuvres littéraires.

Une seconde édition des *Petits Mémoires* parut
bientôt après dans la *Gazette littéraire* du 10 décembre 1829.

L'ouvrage étant ainsi tombé dans le domaine
public, nous acquîmes, en 1833, un manuscrit
qui renfermait des mémoires plus étendus du
comte de Coligny. Si les *Petits Mémoires* contiennent l'expression de la haine du comte, les
Grands Mémoires en font connaître les causes;
elles étaient très-graves.

[1] *Mercure de France*, an VIII (1799), I, 442.
[2] *Dictionnaire de Prudhomme*, art. *Condé;* Paris, 1810, V, 26.

Du moment où nous découvrîmes les *Grands Mémoires*, nous n'hésitâmes pas à en faire la publication. D'autres travaux et une grave maladie ont pu seuls la retarder pendant plusieurs années.

Bossuet, dans l'admirable oraison funèbre du prince de Condé, a jeté un voile sur une partie du grand tableau historique qu'il déroulait dans la chaire chrétienne; à peine y indique-t-il par un mot jeté en passant, la rébellion du Prince, et avec quel art! «Puisqu'il faut une fois, dit-il, «parler de ces choses, dont je voudrois pouvoir «me taire éternellement, jusqu'à cette fatale pri- «son, il n'avoit pas seulement songé qu'on pût «attenter contre l'État.... Il disoit qu'il y étoit «entré le plus innocent de tous les hommes, et «qu'il en étoit sorti le plus coupable.» Mais Bossuet, dans son haut et religieux ministère, était apologiste; laissant tomber sa grave parole au milieu de la pompe des obsèques du Prince, il devait adoucir les jugements sévères de l'histoire.

Nous sommes persuadé que le grand Condé s'humilia sincèrement devant la majesté royale, qu'il déplora ses erreurs, et accepta avec reconnaissance le pardon que lui offrit Louis XIV [1];

[1] On voit encore aujourd'hui, dans la galerie des Batailles, à Chantilly, un beau tableau de Michel Corneille, où est représentée

mais, dans une situation qui avait bien encore ses difficultés, il aurait dû ménager les susceptibilités d'un gentilhomme, complice de sa faute, témoin obligé de toutes ses actions, confident de ses pensées les plus secrètes; Coligny avait toujours présents à ses souvenirs et la trahison de Condé, et les coupables élans de sa gigantesque ambition, et surtout les projets que l'ingratitude lui suggérait à l'égard des fidèles serviteurs qui avaient partagé son exil. Coligny devait être ménagé, Condé le traita en ennemi. Le gentilhomme froissé prit la plume, et tout son fiel en distilla; il nous montre le Prince affectant la souveraineté, n'aimant que lui, s'applaudissant des prétextes à l'aide desquels il se débarrasserait du poids de la reconnaissance. En écrivant, Coligny se vengeait, et il mettait à sa vengeance un tel sentiment de délectation, que, ne pouvant livrer son œuvre

la Muse de l'histoire arrachant de la vie du héros les feuillets où sont retracés ses faits militaires, tels que le *Secours de Cambray*, le *Secours de Valenciennes*, la *Retraite devant Arras*, alors que, réuni aux ennemis de la France, le Prince n'aurait dû s'applaudir que de ses revers. Debout au milieu du tableau, Condé fait ses efforts pour imposer silence à la Renommée. Ce tableau a été peint pour l'ancienne galerie de Chantilly, que le duc d'Enghien, fils du grand Condé, fit construire après la mort de son père. Désormaux assure que ce Prince donna l'idée de ce tableau. (*Histoire de Louis de Bourbon, prince de Condé*, Paris, 1768, IV, 52.)

à la publicité, il prenait tous les moyens d'éter-
niser sa haine ; aussi, dès le 27 janvier 1673, le
voit-on commencer à écrire ses *Petits Mémoires*
sur les marges du missel de sa chapelle de la
Motte-Saint-Jean, et avec quelle énergie ! « Je ne
« reprends jamais la plume, écrivait-il le 18 mars
« 1682, que ma première pensée ne soit de dire
« pis que pendre de M. le prince de Condé.... Je
« l'ai observé soigneusement durant treize ans que
« j'ai été attaché à lui ; mais je dis devant Dieu,
« en la présence duquel j'écris, et dans un livre
« fait pour l'honorer, et où je ne voudrois pas
« mêler avec l'Évangile, qui y est contenu, une
« menterie ; je proteste donc devant Dieu que je
« n'ai jamais connu une ame si terrestre, si vi-
« cieuse, ni un cœur si ingrat que M. le Prince,
« ni si traître, ni si malin. Car dès qu'il a obliga-
« tion à un homme, la première chose qu'il fait
« est de chercher en lui quelque reproche par le-
« quel il puisse en quelque façon se sauver de la
« reconnoissance à laquelle il est obligé ; qui est
« une chose diabolique, et il n'y a peut être jamais
« eu que M. le Prince qui ait été capable de la
« penser, et, qui plus est, de la mettre en pra-
« tique : il ne cherche de plus qu'à diviser ceux
« qui sont près de lui, et il me disoit à Bruxelles :
« Coligny, quand je serai arrivé à Paris, il y aura

« bien des gens qui auront de grandes prétentions
« de récompenses, mais il n'y en a pas un à qui
« je n'aye à répondre et à lui faire quelques re-
« proches qui égalent les obligations qu'on croit
« que je leur puis avoir; c'est-à-dire, en bon fran-
« çois, que devant de partir de Bruxelles, il étoit
« déjà résolu de ne faire justice à personne,....
« il commençoit déjà à mitonner son ingrati-
« tude,.... etc. »

Coligny est un témoin passionné, mais il est
honnête homme, et son langage est celui de la
conviction. Son témoignage ne doit donc pas être
écarté. Il appartient à l'histoire de prononcer
entre son illustre adversaire et lui. Un homme
impartial, et nous avons la conscience de l'être,
ne peut dissimuler aucun des documents sur lesquels doit se former le jugement de la postérité.
Nous avons donc dû publier les Mémoires du
comte de Coligny.

Quelques détails généalogiques sont ici nécessaires.

La maison de Coligny était l'une des plus an-
ciennes de France; elle empruntait son nom du
bourg de Coligny, dans la province de Bresse; on
assure que les premiers Coligny, ne relevant que
de Dieu et de leur épée, possédaient leur terre
en toute souveraineté.

Le comte de Coligny-Saligny, auteur des Mémoires, descendait de Jacques de Coligny, dit Lourdin, seigneur de Saligny, quatrième fils de Guillaume, IIIe du nom, seigneur de Coligny, d'Andelot, de Saligny, et autres lieux.

Guillaume III avait épousé Catherine, dame de Saligny et de la Motte-Saint-Jean; elle était fille du connétable du royaume de Naples et de Sicile; demeurée seule héritière de sa maison, elle apporta une immense fortune à son mari, et mourut en 1449.

Jean, IIIe du nom, seigneur de Coligny, frère aîné de Jacques, a été l'aïeul de Gaspard de Coligny, le célèbre amiral, tombé sous les poignards de la Saint-Barthélemy.

Jacques de Coligny, dit Lourdin, seigneur de Saligny et de la Motte-Saint-Jean, a été le trisaïeul de Jean de Saligny, dit *le comte de Coligny,* auteur des Mémoires. Ainsi ce dernier était parent de l'amiral au neuvième degré, et au douzième de Gaspard IV, comte de Coligny, duc de Châtillon, blessé à l'attaque de Charenton, et mort à Vincennes, le 9 février 1649. En la personne du duc de Châtillon s'éteignit la branche aînée de la maison de Coligny.

Gaspard, IIe du nom, comte de Saligny, père du comte de Coligny, ayant été fait maréchal de

camp au mois d'août 1687 [1], fut employé succes-
sivement en cette qualité dans l'armée du duc de
Longueville, et dans celle du maréchal de Châtillon [2]. Le Roi lui donna, en 1640, de sa propre
volonté, et sans avoir demandé l'avis du cardinal
de Richelieu, le commandement de la province de
Normandie, troublée par l'insurrection des *pieds-
nus*. De nouvelles lettres lui continuèrent les
mêmes pouvoirs pendant l'année 1641 [3].

Le comte de Coligny a parlé, dans ses Mémoires, de cette mission donnée à son père; il
raconte même à cette occasion une aventure scan-
daleuse arrivée au comte de Saligny; nous avons
été obligé d'effacer quelques expressions échap-
pées à sa plume; elles se ressentaient trop de la
licence des camps [4].

Jean de Coligny-Saligny, connu sous le nom de
comte de Coligny, auteur des Mémoires, naquit
au château de Saligny, le 25 décembre 1617; il
était le second fils du comte de Saligny. Gaspard IIIe, son frère aîné, appelé le *marquis
d'Orne*, obtint, en 1647, la charge de capitaine-

---

[1] Lettres patentes données au château de Madrid, le 8 août 1637,
dans les *Preuves* de l'*Histoire de la Maison de Coligny*, par Du
Bouchet. Paris, 1662, in-f°, pag. 1183.

[2] *Ibid.*, p. 1184.

[3] *Ibid.*, p. 1186 et 1187.

[4] Voyez plus bas, p. 12.

lieutenant des gendarmes du Roi, que remplissait avant lui le maréchal l'Hospital [1]. Il fut tué à l'attaque de Charenton le 8 février 1649; il laissait un fils qui est mort sans postérité, et une fille, depuis mariée au comte de Montpeyroux, auquel elle a porté la fortune de sa branche.

Le comte de Coligny prit ce titre après l'extinction de la branche aînée de sa maison. Il donne dans ses Mémoires quelques détails sur sa première jeunesse. Son père le mit avec son frère aîné au collége des jésuites de Moulins; il passa de là dans un *petit collége* de Paray-le-Monial, où il resta peu de mois; il vint ensuite terminer ses études à Paris, au collége de Beauvais.

Son père, en 1633, le fit entrer page du cardinal de Richelieu; Coligny y resta deux ans, puis il passa dans la première compagnie du régiment des gardes, commandée par M. de Rambures. A la fin de l'année 1635, son père, peu disposé à faire pour lui de grands sacrifices, le plaça dans les mousquetaires à pied, ou gardes du cardinal. Il y menait une vie dissolue: l'ennui et l'oisiveté le jetaient dans le désordre, quand un de ses oncles lui procura, en 1639, une compagnie de dra-

[1] Lettres patentes données à Paris le 27 février 1647, aux *Preuves*, déjà citées, p. 1188.

gons; il passa en Italie, et se trouva au combat de la Route, où il se distingua.

En 1640, il accompagna son père en Normandie; il le quitta en 1641, pour suivre en Italie le comte d'Harcourt qui lui avait donné une compagnie dans son régiment. Il alla en 1645 en Espagne, quand le comte fut nommé vice-roi de Catalogne; il s'y exposa à de grands dangers, puis il passa en Flandre en 1647, et, dans un quartier d'hiver, s'étant querellé, à Abbeville, avec un intendant de Picardie, il fut envoyé à la Bastille, d'où il sortit bientôt pour se trouver à la bataille de Lens que gagna M. le Prince, le 26 août 1648. Suivant l'habitude du temps, Coligny, défié avant le combat par un colonel étranger, fit le coup de pistolet au milieu des deux armées, et il eut un bras cassé dans ce combat singulier. Le Prince le fit, en 1649, mestre-de-camp-lieutenant du régiment d'Enghien. Ce choix décida du sort de Coligny; il s'attacha à la fortune du Prince, et ne le quitta plus jusqu'à la paix des Pyrénées.

Il serait superflu de suivre pas à pas l'histoire du comte de Coligny; il la raconte dans ses Mémoires. Nous venons de tracer rapidement les faits antérieurs à l'année 1649, pour fixer l'époque à laquelle Coligny s'attacha au prince de Condé. Nous avons voulu prévenir une erreur dans laquelle la similitude de nom nous avait un moment entraîné.

Il est question, dans plusieurs Mémoires du temps, d'un Coligny, qui, dès sa première jeunesse, était au nombre des seigneurs qui composaient la société la plus intime du Prince. « Ceux qui étaient le plus avant dans sa familia- « rité, étaient le duc de Nemours, *Coligny*, d'An- « delot, le jeune La Moussaye [1], etc. » Ce Coligny n'est pas le nôtre; c'était Gaspard, comte de Coligny, cousin du marquis d'Andelot, ce brillant Coligny, duc de Châtillon en 1646, qui épousa mademoiselle de Bouteville, et auquel Voiture adressa cette épître charmante où il convoque pour ce grand hyménée

Tout ce que le monde a d'Amours.

C'est encore du même Coligny-Châtillon que parle mademoiselle de Montpensier, quand elle nomme les principaux gentilshommes qui formaient, en 1639, la petite cour de madame la Princesse, née de Montmorency [2].

Le duc de Châtillon mourut en 1649, et tout

---

[1] *Mémoires de Pierre Lenet*, deuxième partie, dans la Collection Michaud et Poujoulat, 3ᵉ série, II, 450.

[2] *Mémoires de mademoiselle de Montpensier*, Collection Petitot, 2ᵉ série, XL, 403.

porte à croire qu'à compter de cette époque, le cadet de la branche de Saligny prit le titre, devenu caduc, de *comte de Coligny ;* c'est celui qu'il a toujours porté depuis, et sous lequel il est connu.

Ce fut donc seulement en l'année 1649 que Coligny s'attacha au prince de Condé; de ce moment il se consacra tout entier aux intérêts du Prince et à ceux de son illustre maison.

Le comte de Coligny était à Limoges en 1650, quand il eut avis de l'arrestation des Princes. Aussitôt il donna en secret rendez-vous aux régiments de Condé et d'Enghien, et aux gardes de M. le Prince, s'empara de Vichy et vint à Bellegarde-sur-Saône, place qui était au prince de Condé. Obligé de capituler devant les troupes du Roi, Coligny se rendit à Mont-Rond, auprès de la princesse de Condé, malgré la parole qu'on avait exigée de lui de ne pas servir M. le Prince [1]. De ce moment Coligny fut de tous les conseils tenus par la princesse de Condé, née de Brezé; on pensa même à lui confier le commandement de la place de Mont-Rond; mais le comte de Saligny, son père, lieutenant des gendarmes du Roi, était dans le voisinage, et il n'était pas de la prudence, dit

---

[1] *Mémoires de Coligny,* page 20, et *Mémoires de Lenet,* déjà cités, tom. LIII de la Collection Petitot, pag. 220.

Lenet, de laisser le fils à la portée des persuasions du père[1]. Il fut donc décidé que Coligny ferait partie de l'escorte de la Princesse.

Le 9 mai 1650, la princesse de Condé, avec le petit duc d'Enghien, son fils, sortit à minuit de Mont-Rond. Le 10 mai, au point du jour, elle quitta son carrosse, et monta en croupe sur *le Brezé,* derrière Coligny. Celui-ci la faisait passer pour une femme riche qu'il avait enlevée; il donne à entendre que la Princesse se prêtait à cette feinte avec des complaisances qui rendaient son récit vraisemblable. Ce voyage se fit par journées plus ou moins longues, suivant les difficultés des chemins, et les distances des châteaux où s'arrêtait la cavalcade. La princesse séjourna pendant plusieurs jours à Turenne, chez le duc de Bouillon, qui la reçut au bruit du canon avec une extrême magnificence : « Il y avoit soir et matin, dit Lenet, « une table pour elle seule, une pour le duc son « fils, une pour madame de Tourville à laquelle « mangeoient les autres dames; servies chacune « dans des lieux séparés, et dans la grande salle il « y avoit quatre tables de vingt-cinq couverts cha- « cune, toutes magnifiquement servies, et sans « bruit, que celui qui commençoit à s'élever après

[1] *Mémoires de Lenet,* audit lieu, p. 229.

« que l'on avoit desservi les potages, et qui alloit

« augmentant petit à petit jusques à ce que la plu-

« part fussent dans une gaieté approchant de

« l'ivrognerie. On commençoit les santés et on les

« finissoit par celle du prince de Condé : on la bu-

« voit debout, à genoux, et de toute manière,

« mais toujours le chapeau bas et l'épée nue à la

« main. Le duc de Bouillon la commençoit tou-

« jours, avec des protestations de mourir pour son

« service, de ne remettre jamais l'épée au four-

« reau qu'il ne le vît avec le prince de Conti et le

« duc de Longueville en liberté. Il portoit telles

« santés, tantôt d'une, tantôt de deux et de trois

« rasades, par fois dans des verres, par fois dans

« des gobelets à l'allemande, et elles étoient suivies

« par toute l'assistance de protestations et de ser-

« ments de le seconder ; tous les valets en faisoient

« de même, etc. [1] »

Cette scène de mœurs nous a paru mériter d'être consignée ici, Coligny s'étant contenté de louer d'une manière générale la réception faite à la Princesse.

Coligny donne des détails sur la guerre de Bordeaux, dans lesquels nous ne le suivrons pas ; nous ferons seulement ressortir le jugement sévère qu'il porte sur le duc de La Rochefoucauld.

[1] *Mémoires de Lenet*, audit lieu, p. 264.

« Ce dernier duc, dit-il, faisoit une pitoyable
« figure au fait de la guerre, à Bordeaux, quoi-
« qu'il ait écrit dans ses Mémoires qu'il y avoit fait
« des merveilles, et qu'il ait cité les lieux où il
« n'estoit pas, comme aux barricades de Cau-
« deranty. Je crois assurément qu'il a été plus
« propre au lit et à la plume qu'à la guerre [1], etc. »

Le comte de Coligny ayant perdu son père en
1651, la Reine-régente, qui avait pour lui plus
de bonté qu'*il ne méritoit envers elle* [2], chercha
à le ramener au Roi; elle lui offrit le guidon
des gendarmes, dont son père avait eu la lieute-
nance. Coligny refusa; la Reine porta si loin la
bonté et l'indulgence, qu'elle voulut qu'il en eût
la *récompense*, et le brevet lui fut remis à la condition de traiter de cette charge [3].

Coligny continuait de faire la guerre pour
M. le Prince, au mois d'avril 1653, quand il fut
fait prisonnier au moment où, à la tête de cinq
ou six cents Espagnols, il cherchait à se rendre
maître du château de Couvin, dans les Ardennes [4];
on le conduisit à Rocroy, de là à Reims, et il fut
ensuite envoyé sur parole dans son château de La

---

[1] *Mémoires*, pag. 32.
[2] *Ibid.*, pag. 49.
[3] *Ibid.*, pag. 50.
[4] *Lettre du comte de Brienne*, citée plus bas, pag. 49.

Motte-Saint-Jean, où il passa dix-neuf mois. Il était en si grande estime à la Cour, que l'année suivante, étant venu à Paris, en se rendant à Péronne où il devait être échangé avec le comte de Grandpré, M. Le Tellier lui fit *toutes sortes d'offres de la part du cardinal Mazarin, s'il vouloit s'attacher au Roi :* « Je ne voulus jamais y en- « tendre, dit Coligny, ni lui répondre un seul mot[1]. »

Coligny n'a pas dit tout ce qu'il savait ; un de ses contemporains prendra le soin de compléter son récit. On lit dans l'abbé de Choisy : « J'ai ouï « dire à M. Le Tellier que le cardinal avoit envie « de donner sa nièce et tout son bien au comte de « Coligny.... Le cardinal lui envoya M. Le Tellier « pour lui proposer de quitter le service de M. le « Prince et de s'attacher à lui, avec ordre, s'il ac- « ceptoit le parti de bonne grâce, de lui dire tout « de suite que son éminence lui donnoit sa nièce « et qu'il le déclaroit son héritier. Coligny répon- « dit fièrement qu'il n'abandonneroit point M. le « Prince dans son malheur, et Le Tellier ne se « déclara pas davantage, mais..., lorsque le Roi « nomma Coligny pour commander les six mille « hommes qu'il envoyoit en Hongrie, Le Tellier, « en lui donnant ses instructions, lui dit : Vous

---

[1] *Mémoires*, pag. 53.

« souvenez-vous, Monsieur, de la visite que je
« vous fis.... J'avois ordre de M. le Cardinal, si
« vous eussiez voulu quitter le parti de M. le
« Prince, de vous dire qu'il vous choisissoit pour
« épouser sa nièce et pour vous faire son héritier.
« J'ai fait mon devoir, lui répliqua Coligny; je ne
« saurois m'en repentir [1]. »

Si Coligny, moins fidèle au prince de Condé,
avait consulté ses intérêts, si des vues politiques
avaient pu le diriger, il devenait l'héritier de Mazarin en épousant une de ses nièces; mais il avait
trop de droiture dans l'âme pour accepter une sem-
blable transaction, et il nous semble fort douteux
qu'il eût consenti, pour tous les trésors du monde,
à permuter le beau nom de Coligny, contre celui
de Mazarin qu'il avait tant de fois maudit [2].

A la bataille des Dunes, en 1658, Coligny
sauva la vie au prince de Condé [3], et il courut

---

[1] *Mémoires de l'abbé de Choisy,* Collection Petitot, 2e série,
t. LXIII, p. 205. Choisy place ce fait en 1658; il ajoute que cette
conversation eut lieu à Calais, où Coligny avait été conduit comme
prisonnier après la bataille des Dunes. C'est une erreur rectifiée par
le récit même de Coligny.

[2] M. de La Meilleraye, en épousant Hortense Mancini, consentit à prendre le nom de Mazarin ; on sait comment il l'a porté.

[3] « Coligny et Bouteville font face à l'ennemi, et se sacrifient pour
« donner (au prince) le temps de s'échapper. » (*Histoire de Condé,*
par Désormaux, t. IV, p. 139.)

lui-même les plus grands dangers. Accablé par le
nombre, il allait succomber quand il accepta
quartier. Il venait de remettre son épée au moment où La Palu, capitaine au régiment de Gramont, lui tira brutalement dans la figure un
coup de pistolet qui faillit le tuer, et dont il a
toujours conservé la cicatrice. Il fut conduit à
Calais et renvoyé chez lui sur parole, mais ayant
été bientôt échangé avec Bouteville contre le maréchal d'Aumont, il retourna en Flandre auprès
de M. le Prince.

Enfin, la trêve de 1659 étant conclue, le prince
de Condé quitta Bruxelles, le 1er janvier 1660, et
il rentra en France. Il avait avec lui, dans son
carrosse, Bouteville, Guitaud et Coligny. La Cour
s'était rendue dans les provinces méridionales pendant les négociations du mariage du Roi; elle se
trouvait à Aix quand Condé vint saluer le Roi et la
Reine-mère. « M. le Prince, dit Coligny, fut bien
« reçu extérieurement, mais dans le fonds fort
« mal [1]. » Anne d'Autriche ne put s'empêcher de
lui dire qu'elle lui avait voulu bien du mal, mais
qu'il lui ferait la justice d'avouer qu'elle avait eu
raison, et le Prince, à la grande surprise de tous
les assistants, ne lui répondit pas un seul mot.
Coligny a très-bien raconté cette scène, ainsi

---

[1] *Mémoires*, pag. 61.

qu'une conversation particulière qu'il eut ensuite avec le cardinal Mazarin, et qui donne beaucoup de vraisemblance à la confidence de Le Tellier à l'abbé de Choisy. Le Roi laissa au Prince le choix de le suivre au mariage, ou de revenir à Paris; Condé préféra ce dernier parti; Coligny ajoute que par là il fit plaisir à la Cour [1].

Cependant il n'y avait pas eu de promotion dans l'ordre du Saint-Esprit depuis l'année 1633; une longue minorité s'y était opposée, et l'on attendait impatiemment les nominations qui devaient suivre le mariage. Le Roi en avait mis une à la disposition du prince de Condé. Après tout ce que Coligny avait fait pour le service du Prince il ne croyait pas que personne pût lui disputer cette faveur auprès de lui. Il se vit cependant préférer le comte de Guitaud [2], mais ce ne fut pas sans une *grande escarmouche* [3]. La Cour profita de cette occasion pour achever de détacher Coligny du service de M. le Prince; le comte de Guitry vint le trouver, le plaignit, le blâma plus encore de ce qu'il supportait patiemment cette injustice, et enfin il lui donna à entendre que la démarche qu'il faisait auprès de lui n'était pas ignorée de

---

[1] *Mémoires*, p. 62.

[2] *Mémoires de Montglat*, Collection Petitot, t. LI, p. 131.

[3] *Mémoires*, pag. 64.

Sa Majesté, et qu'il agissait même par son ordre.
De ce moment Coligny redevint fidèle serviteur
du Roi. Une analyse ne pourrait qu'affaiblir son
récit.

L'empereur Léopold, sérieusement menacé par
les Turcs, en 1664, envoya vers le Roi le comte
Strozzi pour lui demander du secours, dans une
conjoncture qui intéressait toute la chrétienté.
Louis XIV ordonna qu'un petit corps d'armée
marcherait en Allemagne, sous les ordres du
comte de Coligny, auquel il conféra le grade de
lieutenant-général. L'estime du monarque eut
sans doute beaucoup de part à cette détermi-
nation, cependant on pensa généralement qu'en
accordant une aussi grande distinction au gentilhomme que Condé poursuivait de toute sa haine,
le Roi avait mis quelque empressement à saisir
l'occasion de *faire dépit* à M. le Prince [1]. « Le Roi
« surprit toute la Cour, dit Bussy-Rabutin, quand
« il nomma le comte de Coligny; ce n'est pas
« qu'il y eût dans le royaume un gentilhomme de
« plus grande qualité, ni plus brave que lui,
« mais il avoit servi contre le Roi le Prince de
« Condé, tant qu'il avoit été en Flandre, et il

---

[1] *Mémoires de Monglat*, Collection Petitot, 2° série, tom. LI,
pag. 130.

« n'avoit pas eu d'occasion, depuis ce temps-là,
« d'effacer cette tache [1]. »

Les Mémoires du temps contiennent peu de
détails sur ce brillant épisode de l'histoire de
Louis XIV; ce qu'on en a dit est peu conforme à
la vérité. Le comte de La Feuillade, maréchal de
camp, sous les ordres de Coligny, eut soin d'envoyer à la Cour des relations rédigées à son avantage, suivant lesquelles, lui d'abord, puis ceux
qu'il voulait favoriser, auraient exécuté les plus
grandes choses, tandis que le comte de Coligny,
frappé d'inertie, serait demeuré inactif.

Le comte, depuis duc de La Feuillade, était
un bien singulier personnage. On croit que La
Bruyère l'a eu en vue dans le passage suivant,
qui semble en effet avoir été calqué sur lui :
« Il y a des gens qui gagnent à être extraordi-
« naires; ils voguent, ils cinglent dans une mer
« où les autres échouent et se brisent : ils par-
« viennent en blessant toutes les règles de par-
« venir : ils tirent de leur irrégularité et de leur
« folie tous les fruits d'une sagesse la plus con-
« sommée : hommes dévoués à d'autres hommes,
« aux grands à qui ils ont sacrifié, en qui ils ont

---

[1] *Mémoires du comte de Bussy-Rabutin.* Amsterd. 1731, in-12,
tom. II, pag. 226.

« placé leurs dernières espérances, ils ne les ser-
« vent pas, mais ils les amusent.... Ils rencontrent
« inopinément un avenir qu'ils n'ont ni craint,
« ni espéré; ce qui reste d'eux sur la terre, c'est
« l'exemple de leur fortune, fatal à ceux qui vou-
« droient le suivre [1]. »

On aurait pu mettre dans la bouche de M. de
La Feuillade ce vers d'un de nos poëtes :

Je ne dois qu'à moi seul toute ma renommée.

Jamais peut-être aucun courtisan n'a plus vio-
lenté la fortune : il parlait sans cesse de lui,
louait le Roi à tout propos, et faisait profession
de ne pas connaître d'autre affection que celle
qu'il portait à son maître : on l'a vu partir de
l'armée, arriver à Saint-Germain à franc étrier,
monter chez le Roi, embrasser son genou, en lui
disant : « Sire, il y en a qui viennent voir leurs
« femmes et leurs enfants; moi, je viens voir Votre
« Majesté, et je repars à l'instant; veuillez présen-
« ter mes respects à Monseigneur le Dauphin. »

Un bruit s'étant répandu, en 1666, que le
marquis de Saint-Aunais, retiré en Espagne, avait
fait placer dans le champ de ses armes des lys
renversés, La Feuillade part et provoque en

---

[1] La Bruyère, chapitre de l'Homme.

duel ce mécontent déloyal. Ces manières, moitié gasconnes, moitié chevaleresques, avaient plu au Roi; il s'était laissé aller à l'illusion de penser qu'il était aimé de La Feuillade *pour lui-même*, et il se plaisait à combler de grâces le courtisan *désintéressé, l'admirateur à outrance*. La Cour, malgré sa déférence habituelle, était loin de partager les préventions du monarque en faveur de La Feuillade; on avait sourdement blâmé sa nomination dans l'expédition de Hongrie, et, par un concours de circonstances qui n'arrivent guère qu'aux gens heureux, la relation du combat du Saint-Gothard fut d'autant mieux reçue du Roi qu'elle était plus favorable à La Feuillade. Voyant dans ce récit la justification de son choix, le Roi l'accueillit sans examen, et la relation passa, elle passe peut-être encore pour une vérité.

Le comte de Coligny nous donne ici le premier récit vraiment officiel de la campagne de Hongrie et du combat du Saint-Gothard. Cette journée commença par un grand désastre. Les Turcs ayant passé le Raab, mirent en déroute les Allemands dont ils firent un affreux carnage. Montécuculli, désespérant du succès, dit à Coligny de faire avancer ses troupes. Celui-ci, sur le point d'être attaqué lui-même, ne pouvait quitter le

poste qui lui avait été assigné, mais il envoya
deux bataillons qui reprirent un village et arrê-
tèrent l'élan des Ottomans. Il ordonna à La Feuillade de s'y transporter, et celui-ci revint lui dire
que les Turcs avaient repassé le Raab. Croyant
qu'il se trompait, Coligny l'y envoya de nouveau,
et il marcha lui-même à la tête d'un troisième
bataillon. Il trouva tous les généraux réunis en
conseil, et le comte de Waldeck, l'ayant prévenu
que les Turcs menaçaient sa position, il y revint
en toute diligence. Les Turcs avaient seulement
fait un mouvement; Coligny retourne rapidement, et il apprend que les Turcs ont pris d'eux-
mêmes la fuite, sans attendre qu'on leur tirât un
seul coup de mousquet [1]. Une panique s'était em-
parée d'eux; ils s'étaient retirés en reculant devant les troupes chrétiennes qui les suivaient de
loin, et ils s'étaient précipités dans le Raab, où la
plus grande partie se noya. Ainsi La Feuillade, dans cette journée, avait exécuté les ordres
de son chef; Coligny, demeuré à son poste, s'était
acquitté de tous ses devoirs de général, et
tous les exploits de La Feuillade s'étaient bornés
à être le témoin avec toute l'armée chrétienne
de la déroute des Ottomans, et peut être à avoir

---

[1] *Mémoires*, pag. 96, et *Lettre de Coligny*, pag. 119.

commandé à ses soldats de tirer sur des hommes qui se noyaient. On comprend alors que Coligny ait pu écrire ce qui suit : « Quand La Feuillade « envoye des gazettes dans lesquelles il dit qu'il a « fait des merveilles, il a menti. » Il est vrai qu'il ajoute que *La Feuillade est le plus grand poltron de France* [1] ; Coligny peut ici être injuste, mais il est au moins excusable.

L'abbé de Choisy, contemporain de Coligny, avait déjà pris sa défense. « Le public, dit-il, ne « lui a pas fait justice sur la victoire du Raab, et « il méritait au moins d'avoir pour sa part la « moitié de la gloire que La Feuillade se donna « tout entière, à force de parler haut [2]. »

Bussy-Rabutin raconte une anecdote que nous avons déjà imprimée ailleurs [3], mais elle doit trouver ici sa place : « La Feuillade, dit-il, qui « se trouva maréchal de camp de jour à cette « action du Raab, en écrivit le détail au Roi. Je « vis la copie de cette relation, qui étoit une es- « pèce de roman. Il n'y avoit pas un volontaire de « qualité, ni un des premiers officiers des troupes

---

[1] *Lettre du comte de Coligny,* plus bas, pag. 120.

[2] *Mémoires de l'abbé de Choisy,* Collection Petitot, 2ᵉ série, t. LXIII, pag. 296.

[3] *Mémoires de l'abbé de Choisy,* Collection Petitot, *Ibid.,* note de la page 296.

« qui n'eût, à ce qu'il disoit, fait un combat sin-
« gulier avec un ou deux Turcs, suivant qu'il
« vouloit obliger le François, et qui ne les eût
« percés de coups de pistolet et de coups d'épée,
« et je ne doute pas qu'il n'eût montré la copie de
« cette lettre aux héros qu'il avoit faits, afin que
« de leur côté ils écrivissent et dissent de lui des
« merveilles. Cependant, au retour de ce voyage,
« il y eut quelques-uns de ces messieurs assez
« sincères et assez honnêtes gens pour nous
« désabuser eux-mêmes des louanges que La
« Feuillade leur avoit données, et pour aimer
« mieux ne pas jouir d'une fausse gloire que de
« mentir en sa faveur, etc. [1] »

---

[1] Bussy-Rabutin, dans ses Mémoires manuscrits, rapporte une
conversation plaisante qu'il eut avec La Feuillade relativement
au livre des *Amours des Gaules*. La scène se passait à Saint-
Germain, dans la chambre du Roi, au mois d'avril 1665. Ce passage n'a jamais été imprimé ; il mérite d'être connu.

« La Feuillade, dit-il, chagrin de n'être pas dans ce manuscrit
« comme il eût souhaité, m'aborda dans la chambre du Roi, comme
« je parlois au comte du Lude, et me dit qu'en d'autres occasions
« on savoit comme quoi se venger. Je lui répondis que quand on
« étoit bien fâché, on trouvoit en tous temps les moyens de se sa-
« tisfaire. — Si je savois faire des histoires, me dit-il, j'en ferois
« des autres comme ils en font de moi. — Je ne sais pas, lui ré-
« pliquai-je, si vous savez faire des *histoires*, mais pour des *ro-
« mans*, personne n'en fait mieux que vous ; on n'en peut pas douter
« après celui de Hongrie, que nous avons vu de votre façon. — La
« même raison qui l'avoit obligé de ne vouloir point de querelle

Le marquis de Monglat s'est montré encore
plus favorable au comte de Coligny. « Au retour
« des troupes françoises, dit-il, La Feuillade ren-
« dit de si mauvais offices à Coligny, qu'au lieu
« que cet emploi devoit servir à son élévation, il
« fut cause de sa perte, quoiqu'il eût bien fait
« son devoir [1]. »

Après ces témoignages d'écrivains contemporains qui tous signalent La Feuillade comme un
homme plein de lui-même, bouffi de vent et de vanité, n'est-il pas plaisant d'entendre le Père Bouhours lui adresser ces paroles magnifiques? « Je
« n'ai pu, lui dit-il, considérer Pierre d'Aubus-
« son, en la fleur de son âge, tout couvert du
« sang des barbares, sans vous voir en même
« temps sur les bords du Raab, tailler en pièces
« l'armée infidèle, et remporter une victoire mé-
« morable, aussi avantageuse pour l'Allemagne

« avec moi sur le manuscrit, l'engagea apparemment encore à se
« servir de sa modération en cette rencontre, et je ne sais si le res-
« pect qu'il eut pour la chambre du Roi, ou quelque autre consi-
« dération, ne me sauva pas une méchante affaire, mais enfin il
« me quitta sans me dire mot. » (*Mémoires manuscrits du comte
de Bussy-Rabutin*, t. III, f° 12; ils sont indiqués dans notre édition des *Lettres de Madame de Sévigné*. Paris, Blaise, 1818, p. 43
de la *Notice bibliographique.*)

[1] *Mémoires de Montglat*, Collection Petitot, 2ᵉ série, tom. LI,
pag. 131.

« que glorieuse pour la France[1]. » Ne semble-
rait-il pas que Bouhours adresse son livre à un
Lusignan, ou à un Godefroi de Bouillon? Il faut
au reste se souvenir que c'était alors le temps des
épîtres dédicatoires. Corneille n'a-t-il pas dédié
Cinna au financier Montauron, et le satirique
Furetière, pour en finir avec ces sortes d'épîtres,
ne s'est-il pas avisé de dédier *au bourreau* son
Roman Bourgeois?

La campagne de Hongrie ne servit qu'à donner
aux Français l'occasion de montrer leur valeur;
les Turcs, battus sur le Raab, firent des propositions que Léopold accepta; il signa la paix sans
en avoir prévenu Louis XIV. C'est ce qui faisait
dire à Coligny, le 11 octobre 1664, dans une
lettre à Bussy-Rabutin : « Nous avons été si sots
« que nous avons fait la paix d'Hongrie[2] », par
allusion au mot de Bassompierre : *Nous serons si
sots que nous prendrons La Rochelle;* si c'était une
folie aux seigneurs français de contribuer à augmenter la puissance du cardinal de Richelieu, il
en était de même en Hongrie, où Louis XIV, entraîné par un mouvement généreux, travaillait à
l'affermissement de la maison d'Autriche, la plus

---

[1] *Épître dédicatoire de l'Histoire de Pierre d'Aubusson, grand
maître de Rhodes.* Paris, Cramoisy, 1676, in-4°.

[2] *Voyez* plus bas, page 118.

dangereuse ennemie de la France. Cette maison
ne se montra pas alors plus reconnaissante qu'elle
ne le fut, en 1683, quand le grand Sobieski vint à
travers mille périls arracher Vienne à une ruine
qui semblait inévitable.

Louis XIV savait ce qui se passait en Allemagne; il n'avait pas attendu que la paix fût conclue pour rappeler ses troupes; il s'était empressé
d'envoyer au comte de Coligny l'ordre de les ramener en France *par un mécontentement particulier du mauvais traitement qu'on leur avoit fait* [1].

Le comte de Coligny arriva à la Cour au mois
de janvier 1665; il fut reçu froidement par M. Le
Tellier, ce qu'il attribua aux démêlés qu'il avait
eus pour le service avec un intendant d'armée,
parent du secrétaire d'État. Le Roi le reçut bien,
mais de ce moment la faveur du prince se borna à
quelques grâces accordées à la famille de Coligny.

Coligny suivit encore le Roi à l'armée dans la
campagne de 1667, mais sans aucun commandement. Il en parle avec un peu d'amertume dans
une lettre adressée à Bussy-Rabutin, le 15 mai
1667, « Je n'ai ni office, ni bénéfice, dit-il, mais
« j'ai le plaisir, à l'âge de quarante-neuf ans, de
« faire le métier de volontaire [2]. » Coligny ne put

---

[1] *Mémoires de Coligny*, page 100.
[2] *Voyez* plus bas, page 124.

pas suivre l'armée; madame Du Bouchet, sa pa-
rente et son amie, écrivait à Bussy-Rabutin, le
15 juillet 1667 : « Le pauvre M. de Coligny a eu
« la goutte toute la campagne. » Enfin toutes les
espérances de Coligny s'évanouirent; on ne pen-
sait plus à lui; la même madame Du Bouchet
écrivait encore au comte de Bussy, le 10 janvier 1668 : « On ne parle non plus de notre ami
« Coligny, dans le nombre des officiers généraux
« nommés pour servir, que s'il y avait cent ans
« qu'il fût mort, » et Bussy lui répondait le 14
janvier de la même année : « Je suis très fâché,
« aussi bien que vous, du traitement que reçoit
« notre ami Coligny, et j'aimerois mieux que ce
« fût un autre homme de mérite qui ne fût pas de
« mes amis, qui aidât à me consoler par l'exemple
« de sa mauvaise fortune de tout ce qu'on m'a fait
« depuis trois ans [1]. »

Accablé par de précoces infirmités, le comte
de Coligny quitta la Cour vers l'année 1670, et
il se retira dans ses terres de Champagne et de
Bourgogne. Il passait une partie de l'année au
château du Cosson, appartenant à la comtesse de
Coligny, et il venait ensuite dans son château de la
Motte-Saint-Jean, ancien manoir de sa famille,

---

[1] *Mémoires manuscrits de Bussy-Rabutin*, déjà cités.

situé sur la rive droite de la Loire, à peu de distance de Digoin.

Il ne fut plus occupé que du soin d'élever ses enfants et de réparer par une sage économie les brèches qu'une vie agitée de tant de vicissitudes avait faites à sa fortune.

Il avait épousé Anne-Nicole Cauchon de Maupas, dame Du Tour, du Cosson, etc. Elle mourut à la suite d'une longue maladie, au château de la Motte-Saint-Jean, le 16 mai 1683[1]. La comtesse de Coligny était nièce de Henri de Maupas Du Tour, évêque d'Évreux, auteur d'une *Vie de madame de Chantal.*

Le comte de Coligny ne survécut pas long-temps à sa femme; il mourut dans son château de la Motte-Saint-Jean, le 16 avril 1686.

Il laissait un fils et trois filles, savoir Gaspard Alexandre de Coligny, abbé de Saint-Denis de Reims et de l'Isle Chauvet, et mesdemoiselles de Coligny, Du Tour et de Sémur.

Coligny avait perdu, le 30 juillet 1682, son second fils, âgé de quinze ans, dans lequel il plaçait toutes ses espérances, son fils aîné ayant embrassé le parti de l'église.

Par son testament olographe, du 29 novembre

---

[1] *Petits Mémoires.*

1682, dont la copie termine ses *Grands Mémoires,*
le comte de Coligny avait institué, pour son héritière universelle, Mademoiselle de Coligny.

Il laissait cependant à son fils le délai d'une
année pour faire son choix entre l'état ecclésiastique et l'épée; et dans le cas où Gaspard de Coligny choisirait l'épée, il l'instituait son héritier
universel, réduisant alors Mademoiselle de Coligny à un legs de cent mille livres. A l'égard de ses
deux autres filles, il laissait quarante mille livres
à chacune d'elles.

L'abbé de Coligny ne paraissant pas d'abord disposé à quitter l'église, Mademoiselle de Coligny,
belle et spirituelle, entra dans le monde comme
devant être une héritière et un grand parti. Elle
fut recherchée par le marquis de Nesle, de la
maison de Mailly; mais l'abbé de Coligny changea
de résolution et remit au Roi ses bénéfices[1]. Le
marquis de Nesle aimait Mademoiselle de Coligny;
il persista dans son choix, et il l'épousa au mois
d'avril 1687. Cette union fut trop tôt rompue; le
marquis de Nesle mourut à Spire, le 18 novembre 1688, d'une blessure reçue au siége de Phi-
lipsbourg, et la marquise, sa femme, le suivit dans

---

[1] *Mémoires du marquis de Sourches.* Paris, 1836, in-8°, II,
214. Cités plus bas, page 112.

la tombe, le 17 août 1693; elle n'avait encore que vingt-six ans.

L'abbé de Coligny avait tellement annoncé sa résolution de demeurer fidèle à sa première vocation, que le comte de Bussy-Rabutin, son cousin, lui écrivit, le 29 mai 1686, une lettre dans laquelle il le félicite d'avoir choisi la *meilleure part*. Cette lettre est une petite homélie, un peu déplacée sous la plume de Bussy[1].

Gaspard, comte de Coligny, ayant repris l'épée, devint mestre-de-camp du régiment de Condé. Il épousa, en 1690, mademoiselle de Madaillan de Lespare, fille du marquis de Lassay. Bussy-Rabutin lui fit à cette occasion un nouveau compliment, le 18 mars 1690[2]. Cette union n'a pas été heureuse.

Gaspard mourut sans postérité à Reims, le 14 mai 1694; en lui s'éteignit la dernière branche de l'illustre maison de Coligny.

Jean, comte de Coligny, écrivit dans la retraite ses *Grands* et ses *Petits Mémoires*.

Il destinait les premiers à l'instruction de ses enfants et de ses parents. « Je commencerai, leur « dit-il, à vous donner pour première maxime de « ne jamais servir que le Roy, et pourtant de ne

[1] *Voyez* plus bas, page 130.
[2] *Voyez* page 131.

« vous attacher jamais au Roy, » Il développe
ensuite cette maxime d'une manière piquante : « Si
« vous êtes au Roy, dit-il, vous aurez contre vous
« les ministres, tandis que si vous êtes bien avec
« eux, vous serez toujours bien avec le Roy, avec
« qui ils vous establiront toujours autant bien
« qu'il leur plaira, et vous ne serez jamais dans
« aucun danger de disgrâce, puisqu'ils n'auront
« garde de ruiner leur ouvrage [1]. »

Coligny n'a pas eu le premier cette pensée ;
elle s'était présentée à l'esprit du vieux maréchal
de Montluc, qui l'a exprimée dans ses *Commentaires* avec la naïveté qui lui est propre. « Je
« cognois à présent, dit-il, que la plus grande
« faute que j'ay faict en ma vie, ç'a esté de n'avoir
« voulu despendre, depuis que les vieux [2] sont
« morts, que du Roy et de la Royne, et qu'un
« homme qui a charge est plus assuré de des-
« pendre d'un Monsieur ou d'une Madame, ou
« d'un cardinal, ou d'un mareschal, que non du
« Roy, de la Royne, ny de Monsieur ; car ils des-
« guiseront tousjours à leurs Majestez les affaires,
« comme bon leur semblera, et en seront creuz de
« tous trois, car ilz n'y voyent que par les yeux
« d'autruy, et n'y oyent que par les aureilles des

---

[1] *Mémoires*, pages 1 et 3.
[2] François Ier et Henri II.

« autres. Cela est mauvais; mais il est impossible
« d'y mettre ordre, et celuy qui aura bien faict
« demeurera en arrière. Par ainsi si je pouvois
« retourner en mon commencement d'aage, je ne
« me soucierois jamais de despendre du Roy, ny
« de la Royne, sinon de ceulx qui ont crédit près
« de leurs Majestés [1]; car encore que je fisse le
« plus mal qu'homme sçauroit faire, ils me cou-
« vriroient mes fautes, voyant que je ne despen-
« drois que d'eux, et leur bien et honneur est
« d'avoir des serviteurs qu'ils appellent *créa-
« tures*, etc. »

Il existe plus d'un rapport entre le caractère
de Blaise de Montluc et celui du comte de Coligny. Un parallèle entre eux ne serait pas sans
intérêt.

———

Il ne nous reste plus qu'à faire connaître les
sources où nous avons puisé.

Les *Petits Mémoires* nous ont été communi-
qués, dès le 5 février 1817, par feu M. le marquis
Garnier, pair de France, notre confrère dans la
Société des Bibliophiles français. Il en avait fait
lui-même la copie, ainsi qu'il l'a exprimé dans la
note suivante :

[1] *Commentaires de Blaise de Montluc.* Paris, 1617, in-8°, f° 564,
ou Collection Petitot, 1re série, XXII, 438.

« Ce qui suit a été copié par moi sur le manu-
« scrit autographe, subsistant sur les marges d'un
« livre de liturgie, in-4° sur vélin, à l'usage de la
« chapelle du château de la Motte-Saint-Jean. Ce
« livre m'a été communiqué par M. l'abbé de Sa-
« ligny, qui le tenait de sa famille, à laquelle la
« baronnie de la Motte-Saint-Jean avait fait retour,
« après la mort du dernier fils de Jean de Coligny,
« arrivée en 1694. »

Ainsi M. le marquis Garnier avait lui-même
copié les *Petits Mémoires* sur le texte original,
écrit en marge d'un missel par le comte de Coligny. Nous n'avons pas connu d'homme qui eût
mieux étudié le siècle de Louis XIV dans ses détails les plus minutieux ; il en avait pénétré les se-
crets et les mystères ; il nous a été d'un grand
secours dans notre travail sur les *Lettres de madame de Sévigné*.

Les *Petits Mémoires*, comme nous l'avons dit
plus haut, ont été publiés par feu M. Musset-Pathay dans ses *Contes historiques*. Paris, veuve
Desoer, 1826, in-8°.

Ce ne fut pas sans regret que nous vîmes con-
fondre ce précieux document avec des ouvrages
qui le recommandaient peu à la curiosité du
monde littéraire. Nous nous permîmes d'adresser
quelques observations à l'éditeur, qui défendit

son titre, sans nous convaincre. Dans une lettre du 17 juin 1826, M. Musset-Pathay cherchait à calmer les inquiétudes que nous causait ce titre de *Contes historiques*, si opposé à la gravité qu'exige l'histoire, fille du temps et de la vérité. « Le mot *conte*, nous écrivait-il, exclut moins « l'idée de vérité que celui de *roman....* il doit « être considéré comme synonyme de *récit*, et re- « çoit de l'épithète qu'on lui donne le *sens* qu'il « doit avoir; etc. » L'éditeur ne nous persuada pas, mais il défendait son titre, et peut-être avait-il raison, la part de l'histoire étant fort légère dans cette production. Peu de personnes se seront avisées d'aller chercher un ouvrage sérieux dans les *Contes historiques.* Nous nous sommes consolé de cette petite contrariété, espérant que, plus tard, quelqu'un prendrait le soin de remettre en lumière l'opuscule du comte de Coligny.

Le *Petits Mémoires* étaient si bien cachés, qu'en les réimprimant dans la *Gazette littéraire* du 10 décembre 1829, le nouvel éditeur les annonça comme inédits. Il paraît avoir eu à sa disposition la copie du marquis Garnier.

Les *Petits Mémoires* ne peuvent pas être séparés des *Grands Mémoires* dont ils forment le complément; nous les réimprimons à la suite de cette notice, sous la forme de *pièce justificative.* Ils sont

tombés dans le domaine public, tandis que les
Grands Mémoires, qui paraissent ici pour la première fois, demeureront notre propriété.

Nous avons acquis, au mois de mai 1833, le
manuscrit qui renferme les *Grands Mémoires* du
comte de Coligny. Il faisait partie de l'immense
bibliothèque de M. Boulard. Considéré comme
un simple *Recueil de pièces*, ce volume n'eut pas
même les honneurs du catalogue.

L'extérieur du livre avait appelé notre attention; c'est un in-folio relié en veau marbré, aux
armes de Langheac. Ces armoiries nous avaient
déjà fait reconnaître de précieux manuscrits,
qui nous ont fourni une foule de lettres et de
fragments pour l'édition des Lettres de madame
de Sévigné, par nous publiée en 1818, chez Blaise.

Ce nom de Langheac avait ici une importance
toute particulière. Louise de Rabutin, fille du
célèbre comte de Bussy-Rabutin, avait épousé le
marquis de Coligny, fils de Barbe de Coligny,
dernière héritière des Coligny-Cressia, et des
Gilbert de Langheac, comtes de Dalet. Le marquis de Coligny mourut en 1676, laissant un fils
qui a pris le nom de comte de Langheac. La marquise, sa mère, contracta un second mariage
avec le comte de La Rivière; puis elle plaida en
nullité de ce mariage, et perdit son procès au

Parlement de Paris, par arrêt du 13 juin 1684. Les deux époux transigèrent; M. de La Rivière, permit à sa femme de vivre séparée de lui, à la condition qu'elle quitterait le nom de Coligny pour prendre un autre titre de cette maison. Louise de Rabutin prit le nom et les armes de marquise de Langheac, *comtesse de Dalet;* c'est sous ce dernier titre qu'elle a été depuis principalement connue. La plupart des manuscrits qui ont appartenu soit à elle, soit au marquis de Langheac, son fils, particulièrement ceux qui renferment les Mémoires du comte de Bussy-Rabutin, portent l'empreinte de l'écusson de Langheac, *d'or à trois pals de vair.*

Il résulte de cette circonstance que le manuscrit Boulard, par nous acquis, timbré aux armes de Langheac, a appartenu au dernier descendant de la branche des Coligny-Cressia; ce manuscrit contient d'ailleurs beaucoup de pièces copiées de la main du comte de Langheac, fils du marquis de Coligny-Cressia. Ainsi le manuscrit des *Grands Mémoires* du comte de Coligny a fait partie des archives d'une branche de sa maison, et ils offrent tous les degrés de certitude qui peuvent s'attacher à un manuscrit, quand il n'est pas autographe.

Nous avons placé, à la suite des Mémoires du

comte de Coligny, quelques lettres par lui écrites au comte de Bussy-Rabutin, son cousin et son ami, ainsi que les réponses de ce dernier. Une partie de ces lettres avait été incomplétement imprimée; elles sont ici reproduites d'après les manuscrits de Langheac [1].

MONMERQUÉ,

Membre de l'Académie royale des Inscriptions
et Belles-Lettres.

Août 1841.

[1] Une partie de ces manuscrits est dans le cabinet de M. le marquis de La Guiche, une autre à la bibliothèque du Roi, une autre dans celle de l'éditeur. A l'égard des manuscrits de M. de La Guiche, nous les avons décrits soigneusement dans la *Notice bibliographique* de notre édition des *Lettres de madame de Sévigné, de sa famille et de ses amis.* Paris, Blaise, 1818, 10 vol. in-8°.

PETITS MÉMOIRES

DU

COMTE DE COLIGNY,

ÉCRITS PAR LUI-MÊME

SUR LES MARGES DU MISSEL DE SA CHAPELLE,

AU CHATEAU DE LA MOTTE-SAINT-JEAN.

———

COMME ainsi soit qu'un gros livre comme celuy-cy soit moins sujet à se perdre qu'un papier volant, ou quelque autre petit livre, rempli peut-estre d'autres affaires, j'ay résolu, me voyant dans le lieu de la Motte-Saint-Jean, avec assez de loisir, et attaqué de la goutte, qui a commencé de me persécuter dès l'aage de trente ans, et m'a tenu bonne compagnie jusqu'à ma cinquante-sixième année que nous comptons, le 27 janvier 1673; j'ay résolu, pour mon particulier divertissement, ou pour celui de tel qui, le trouvant un jour, y prendra peut-estre quelque plaisir, de considérer les diverses fortunes qui sont arrivées à moi Jean de Coligny, qui naquis à Saligny, le dix-septième jour de décembre 1617 [1].

Voicy mon portrait en peu de mots : Je suis d'une taille fort droite, fort aisée, fort grande et très-belle. Je suis gaucher au dernier point, sans qu'on m'en ayt jamais pu chas-

---

[1] Coligny a varié sur cette date; il dit dans les *Grands Mémoires* qu'il est né le jour de Noël 1617; on a suivi les Grands Mémoires dans la Notice.

tier. J'ay la main extraordinairement petite pour un grand
homme, et les bras un peu trop longs : mais cela ne paroît
qu'à moy; la jambe fort bien faite, mais le visage fort irré-
gulier, le nez gros et mal fait, la bouche grande, les yeux
beaux et excellents; le teint assez beau; dans la jeunesse le
poil chastain : je suis devenu chauve de fort bonne heure.
J'ay été fort adroit à de certains exercices, et fort maladroit
dans d'autres. J'ay parfaitement bien dansé, quoique je
n'aye jamais aimé la danse. J'ay été fort adroit à faire des
armes, et il y a paru, car j'ay tué ou battu tous ceux quy
ont eu affaire à moy.

J'ay suivy toute ma vie, tant que la goutte me l'a permis,
la profession des armes, comme je diray cy-après. Mais pour
commencer par les choses particulières, qui nous touchent
de près et qui sont aussy une pierre de touche pour juger
du courage des hommes, je diray donc que sans faire le
fanfaron, je me suis battu cinq fois. La première étant
soldat aux gardes, contre un autre soldat de la compagnie
de Flavignac, La Carcie, lequel je tuai sur la place[1]. La
seconde, contre un officier de dragons du régiment de la
Luzerne; nous nous battismes à cheval, et fusmes séparés;
son cheval étoit blessé quand on nous sépara, et il y avoit
apparence que j'eusse été le maistre. La troisième fois, je
me battis contre le marquis d'Équo : nous étions tous deux
capitaines de cavalerie au régiment d'Harcourt. Je le portay
par terre, et par courtoisie je le laissay relever, dont je
faillis estre tué, car il me décousit l'estomac d'un coup
d'épée, et, sans mon adresse et agilité du corps, il me per-
çoit d'outre en outre; mais il confessa qu'il n'avoit tenu
qu'à moy de luy oster la vie, ou l'épée. Depuis nous avons
tousjours été amis. Il étoit fort brave et fort fou.

[1] *Mémoires*, page 6.

La quatrième fois, je me battis contre M. de Cessac, pour madame la P....... [1], dans le jardin d'un couvent qui est au faubourg des Chartreux. Nous nous battismes avec des petits couteaux, comme j'ay tousjours fait dans tous mes combats; ayant les reins fort foibles, je ne voulois pas en venir aux prises. Je luy donnay deux coups d'épée, l'un au bras, l'autre au travers du corps, dont il mourut trois jours après.

La cinquième fois, je me battis contre un gendarme du Roy, nommé Martillière, qui vit encore. Ce fut pour mon père qui l'avoit fait casser. Il s'en prit à moy, après la mort de mondit père; nous nous battismes au bois de Boulogne : je pris pour mon second, mon écuyer, nommé La Brosse. Il prit le baron de Poncenet, qui vit encore. Ledit Poncenet fut désarmé par mon écuyer, et j'avois mis mon homme en mauvais état, qui gagnoit la coulisse, et ne tenoit pas pied devant moi [2]. En ce temps-là, M. le Prince, à qui j'étois attaché, étoit fort mal à la Cour, et moy aussy par conséquent. Le cardinal Mazarin qui gouvernoit l'État, ne laissa pas de dire qu'il n'étoit pas juste qu'un homme de ma qualité s'exposât contre des gens de cette étoffe, et qu'il falloit faire le procès au gendarme ; mais il avoit alors bien d'autres choses à songer qu'à faire observer les édits du Roy. Ils en étoient, luy et M. le Prince, à qui se perdroit l'un l'autre, et M. le Prince se retira peu après en Guyenne, et

[1] Ce pourrait bien être madame la princesse Claire Clémence de Maillé. (*Note de M. Garnier.*) La conjecture de M. Garnier était bien fondée. Coligny raconte ce duel avec beaucoup de détails dans les Grands Mémoires. (*Voyez* plus bas, page 26.)

[2] Ce duel est raconté dans les *Grands Mémoires*, page 51. L'officier y est appelé *Poncenat* : ce peut être une erreur de copiste, d'un côté ou de l'autre.

de Guyenne dans les Pays-Bas, parmi les Espagnols, où nous avons demeuré jusqu'en janvier 1660, que la paix se fit.

Voicy pour la guerre :

J'ay été soldat aux gardes, mousquetaire, capitaine d'infanterie, capitaine de dragons, capitaine de chevau-légers, major, mestre-de-camp de cavalerie, maréchal de bataille, maréchal de camp, lieutenant-général et puis général d'armée. J'ay tousjours servy avec assiduité, honneur et succès. J'ay eu en diverses occasions quatre grandes blessures ; savoir, à Lérida la cuisse percée d'un coup de mousquet, et le ventre percé d'un coup de pistolet ; à la bataille de Lens, en Artois, j'ay eu le bras gauche cassé d'un coup de pistolet, me battant en duel à la teste des deux armées, avec un colonel des ennemis que je tuay sur la place [1]. J'ay eu de plus un coup de mousqueton dans le côté droit, dont la blessure m'a duré trois ans, et dont j'ay eu grande peine à guérir, ayant porté tout ce temps-là la balle dans l'os qu'on appelle *ilium* ; à la fin, au bout de trois ans, elle sortit par le moyen d'une pierre de cautère qu'on y appliqua.

J'ay eu dans le cours de ma vie des aventures bien diverses, plus de mauvaises que de bonnes.

J'ay été d'une humeur assez hautaine et difficile contre les plus grands, et fort affable aux plus petits. Je ne me suis jamais pu abaisser à courtiser bassement les ministres, pour faire ma fortune. Je n'ay jamais voulu faire ma cour qu'à mes maîtres. Je n'en ay jamais eu que deux, M. le Prince et le Roy : encore n'ay-je jamais regardé le premier comme mon maistre ; mais m'y étant attaché dans sa fortune, j'ay cru que l'honneur et la générosité m'obligeoient à ne le point quitter dans son adversité. Il m'a tousjours estimé,

---

[1] *Mémoires*, page 17.

mais il ne m'a jamais aimé; et pourtant quand je l'ay quitté pour m'attacher au Roy, il a jeté feu et flammes contre moy; il a fait jouer tant de machines, qu'à la fin il m'a ruiné dans l'esprit du Roy, ayant été bien assisté par les ministres, qui ont craint que je ne me misse trop bien dans l'esprit du Roy. Il seroit trop long de se mettre à raconter toutes les intrigues et tous les ressorts qu'on a fait jouer pour me mettre mal dans l'esprit du Roy : mais ils ont pris un prétexte qui vraisemblablement ne devoit pas réussir. La bonne foi, que j'ay employée et la générosité dont j'ay usé en m'attachant au Roy, méritoient bien un meilleur traitement que celuy que j'ay reçu du Roy. Il est vray que je ne suis pas venu jusqu'icy sans avoir eu des bienfaits du Roy. Il m'en a faits pour quatre mille écus; mais il me les a faits quand je ne les méritois pas, et ne m'en a pas fait quand je les ay mérités. Ce voyage de Hongrie, où j'ay fait triompher ses armées si glorieusement, m'a été tout-à-fait infructueux; au contraire, il m'a nui au lieu de me servir, par la malice de mes ennemi, de M. le Prince et des ministres. Tout cela s'est joint ensemble, de sorte qu'après trente-sept ans de service me voilà, quant à la fortune, au mesme état que j'étois quand je suis sorti du collége; excepté que je suis vieux, que je suis goutteux, et que je ne suis plus propre à rien qu'à songer à la mort.

J'ay parmi tous mes malheurs de grandes obligations à Dieu, premièrement de la constance qu'il me donne, car mes disgrâces ne me touchent presque point; secondement de m'avoir donné une fort honneste et vertueuse femme, et fort bonne ménagère; troisièmement des enfans raisonnablement bien faits; en quatrième lieu, des amis qui ont tenu bon dans mes disgraces, et finalement assez de bien pour pouvoir subsister sans estre à charge à personne, et

pour ayder un jour mes enfans à se rendre honnestes gens,
et à voir si la fortune leur sera plus favorable qu'à moy; et
si mes jours, par la grace de Dieu, ont encore quelque
durée, je laisseray ma famille en assez bon état, ou au moins
fort nette dans ses affaires. Cela ne sera pas fait sans de
grands soins et peines, tant de la part de ma femme que de
moy; mais enfin j'espère que nos travaux ne seront pas inu-
tiles; mais si, dès mon retour des Pays-Bas, je me fusse
tout doucement retiré de la Cour, j'aurois mis mes affaires
en bien meilleur état qu'elles ne seront jamais. Je me suis
pourtant avisé, quoyqu'un peu tard, qu'il ne faisoit pas bon
à la Cour, et ceux qui voudront s'y opiniastrer verront bien
pis.

En voilà assez pour aujourd'hui; à une autre fois le reste.

Je ne reprends jamais la plume que ma première pensée
ne soit de dire pis que pendre de M. le Prince de Condé,
duquel, à la vérité, je n'en saurois jamais assez dire. Je
l'ay observé soigneusement durant treize ans que j'ay été
attaché à luy; mais je dis devant Dieu, en la présence duquel j'écris, et dans un livre fait pour l'honorer, et où je ne
voudrois pas avoir mêlé avec l'évangile, qui y est contenu,
une menterie. Je proteste donc devant Dieu que je n'ay jamais connu une ame si terrestre, si vicieuse, ni un cœur si
ingrat que celuy de M. le Prince, ni si traistre, ni si malin.
Car dès qu'il a obligation à un homme, la première chose
qu'il fait est de chercher en luy quelque reproche par lequel il puisse en quelque façon se sauver de la reconnoissance à laquelle il est obligé; qui est une chose diabolique,

et il n'y a peut-estre jamais eu que M. le Prince qui ait été capable de la penser, et qui plus est de la mettre en pratique. Il ne cherche de plus qu'à diviser ceux qui sont près de luy, et il me disoit à Bruxelles : « Coligny, quand je seray « arrivé à Paris, il y aura bien des gens qui auront de grandes « prétentions de récompenses ; mais il n'y en a pas un à « qui je n'aie à répondre et à lui faire quelques reproches « qui égalent les obligations qu'on croit que je leur puis « avoir. » C'est-à-dire, en bon françois, que devant de partir de Bruxelles, il étoit déjà résolu de ne faire justice à personne, et avant que les obligations qu'il avoit aux gens eussent cessé, il commençoit déjà à mitonner son ingratitude et à se préparer à ne reconnoître personne. Je voudrois bien savoir si le diable le plus exécrable d'enfer a eu de telles pensées ; mais il n'en eut et n'en aura jamais d'autres ; il en est incapable. M. de La Rochefoucauld m'a dit cent fois qu'il n'avoit jamais vu homme qui eût plus d'aversion à faire plaisir que M. le Prince, et que les choses même qui ne lui coûtoient rien, il enrageoit de les donner, vû qu'en les donnant il auroit fait plaisir. Le b...... qu'il est, et je le maintiens b.....¹ sur les saints Évangiles, que je tiens en ma

¹ On voudrait pouvoir n'attribuer qu'à l'excès d'une aveugle passion les odieux outrages déversés par Coligny sur M. le Prince ; mais cet écrivain n'est malheureusement pas le seul qui ait formulé cette accusation contre le grand Condé. La duchesse d'Orléans répète à cet égard les bruits qu'elle avait recueillis à la Cour. On lit ce qui suit dans ses Mémoires : « Du temps de ses amours avec mademoiselle « d'Épernon, le grand Condé s'étoit rendu à l'armée et y avoit pris « d'autres goûts. A son retour, il ne pouvoit plus souffrir les dames. « Il disoit pour son excuse qu'ayant été malade, il avoit tellement été « saigné, qu'il y avoit perdu toutes ses forces et tout son amour. Mais « mademoiselle d'Épernon, qui l'aimoit sincèrement, ne se paya pas « de cette défaite et prit des renseignements. Ayant été informée de la « véritable cause de l'indifférence de son amant, elle en fut si déses- « pérée qu'elle renonça au monde et se fit religieuse au couvent des « Grandes-Carmélites. » (*Fragments historiques et Correspondance*

main. Le b..... donc, avéré, fieffé, n'a que deux bonnes qualités, à savoir de l'esprit et du cœur. De l'un il s'en sert fort mal, et de l'autre il s'en est voulu servir pour oster la couronne de dessus la teste du Roy; je sais ce qu'il m'en a dit plusieurs fois, et sur quoy il fondoit ses pernicieux desseins; mais ce sont des choses que je voudrois oublier, bien loin de les écrire.

———

Il faut encore dire un mot, quand ce ne seroit que pour remercier Dieu de m'avoir laissé au monde jusqu'à présent, que nous comptons le 18 mars 1682, et cecy a été commencé le 27 janvier 1673.

Je dis donc qu'ayant relu ce qui étoit écrit et commencé en l'an 1673, il m'a semblé que ceux de ma famille qui pourroient y jeter les yeux, par hasard, pourroient croire et juger,

de madame la Princesse palatine, duchesse d'Orléans, mère du régent. Paris, Paulin, 1832, in-8°; pag. 345.) La Princesse palatine ne vint en France qu'en 1671, époque de son mariage avec le duc d'Orléans; aussi s'est-elle gravement trompée en attribuant à une cause déplorable la retraite de mademoiselle d'Épernon. Devenue, par la mort de son frère, le duc de Candale, duchesse d'Épernon et héritière de sa maison, elle avait pris de l'attachement pour le chevalier de Fiesque, tué au siége de Mardick, en l'année 1646. « Il fut regretté, « dit la véridique Motteville, d'une fille de grande naissance, qui « l'honora d'une tendre et honnête amitié.... Cette sage personne, « peu de temps après cette mort, voulant mépriser entièrement les « grandeurs du monde, les quitta toutes.... et s'enferma dans le grand « couvent des Carmélites. » (Mémoires de madame de Motteville, Collect. Petitot, 2ᵉ série. XXXVII, p. 185.) Il existe aussi sur ce point délicat, que l'on voudrait pouvoir effacer de l'histoire, une chanson sur l'air des Landeriris, en latin macaronique, dont le premier couplet est attribué au duc d'Enghien. On laisse aux curieux le soin d'en faire la recherche dans les recueils manuscrits de chansons du temps qui se trouvent dans toutes les grandes bibliothèques. La maîtresse du prince de Condé était mademoiselle du Vigean, qu'il voulait épouser après avoir fait rompre son mariage. (Mémoires de la duchesse de Nemours. Collect. Petitot, 2ᵉ série. XXXIV, p. 406.)

par le mot de *disgracié*, que j'aurois été effectivement disgracié ; mais ce n'est pas comme cela que je l'entends, car
je n'ay jamais été disgracié de la Cour ; tout au contraire ;
le Roy m'a tousjours fait fort bon visage, et dans les voyages
de guerre, m'a quelquefois fait l'honneur de me faire
manger avec luy ; mais j'ay voulu dire que le Roy n'ayant
rien fait pour ma fortune, ni pour mon avancement, il
faut de nécessité qu'on m'ait rendu de mauvais offices auprès de luy, car assurément il avoit de l'inclination pour
moy, et m'en a mesme donné de bons témoignages ; car il
m'a donné, depuis l'an 1673 que j'ay commencé à écrire
cecy, deux abbayes très-considérables, l'une de quinze mille
livres de rentes, nommée l'abbaye de Saint-Denys de Rheims,
et l'autre de huit mille livres de rente, qui est l'abbaye de
l'isle Chauvet, en Poitou, sans compter des arrêts favora-
bles, dont j'ay tiré plus de quatre-vingt-dix mille livres, et
dont je n'aurois jamais touché un sol, sans la faveur de Sa
Majesté. Je n'ay donc pas tant de sujet de me plaindre qu'on
pourroit bien le croire, et si le Roy ne m'avoit pas honoré
de sa bienveillance, il n'auroit pas donné à un garçon de
treize ou quatorze ans vingt-trois mille livres de rentes en
bénéfices ; mais c'est qu'à ces bienfaits-là, les ministres n'y
ont pas tant de part qu'aux bienfaits de la fortune et de
l'avancement des gens à la Cour, où ils ne veulent point
souffrir de gens qui ne soient leurs esclaves, ou du moins
leurs créatures, et que je n'ay jamais été d'humeur à estre
esclave ni créature de personne que du Roy mon maistre, à
qui je me suis tousjours adressé pour toutes les affaires que
j'aye eues, et je n'ay jamais trouvé la source de ses bontés
taries pour moy, et le Roy est assurément un des plus fermes
et des plus constants hommes du monde, et qui n'oublie
jamais ceux à qui il a une fois voulu du bien.

Voilà ce que j'ay cru devoir ajouter à ce que j'avois écrit, afin que ceux qui viendroient après moy sachent que je n'ay pas quitté la Cour par aucune disgrace, et que je me suis retiré dans ma maison seulement à cause du mauvais état de ma santé et de la goutte, qui m'a enfin réduit, depuis près de trois ans, à ne point marcher du tout. Il est vray que j'ay bien reconnu que, n'étant point le valet de messieurs les ministres, il n'y avoit rien à faire pour moy à la Cour, et aussy à cause de M. le Prince; car encore que le b..... n'ait aucun crédit pour faire le bien, il ne laisse pas d'estre comme le diable, qui, ne pouvant jamais faire du bien, ne laisse pas de pouvoir faire beaucoup de mal. Quant au reste, je crois qu'il n'est pas mieux dans l'esprit du Roy qu'un autre, et qu'il a plus besoin de se conduire sagement que personne qui soit à la Cour, car il a affaire à un homme qui ne lui en laisseroit pas passer, et qui sait de quel bois il s'est chauffé, et qu'il n'a pas tenu à luy qu'il n'ayt osté au Roy la couronne de sur sa teste pour la mettre sur la sienne. Mais Dieu aime trop la France pour luy avoir donné un tel maistre. Ce seroit bien alors qu'on auroit été misérable et dans le dernier désespoir; car, outre qu'il est extresmement soupçonneux et méchant, c'est qu'il n'y a pas au monde une ame si avare que celle de ce b.....-là.

Mars 1684.

Me voilà parvenu dans un âge bien plus avancé que je n'avois lieu de l'espérer, puisque je suis en l'année 1684, et par conséquent dans la fin de la soixante-septiesme année de ma vie; et cependant je n'en suis pas plus sage, plus réformé, ni plus dévôt; mais ce sont des graces qui ne viennent que de Dieu, et que je luy demande de tout mon cœur.

Au commencement de cette présente année, j'ay eu plus de peine que je n'en avois eu en toute ma vie par les persécutions que Bercy, maistre des requestes, m'a faites sur le sujet de ma rente de la maison de ville, de six mille livres de rente par an, dont il demandoit une infinité d'années de restitution d'arrérages; mais m'étant adressé de nouveau au Roy, il m'a donné un arrêt tel que j'ay pu le désirer, pour arrêter les persécutions dudit Bercy, qui est un maistre-fou, en fort petite estime dans le monde, mais fort riche, fort apparenté dans la robe et dans l'épée mesme, et dont la petite nièce est femme de M. de Seignelay, qui m'a pourtant favorisé au préjudice dudit *faquin* de Bercy. Il peut avoir plutost suivy les inclinations du Roy que les siennes; mais quoiqu'il en soit, je luy suis obligé, et il est à croire aussy d'autre part qu'il a eu égard aux bontés que M. Colbert, son père, avoit pour moy, et aux protections qu'il m'avoit données dans la même affaire dont il a été chargé par le Roy depuis la mort de son frère. Je n'ay pourtant pas été sans inquiétude cet hiver dernier, de voir que la plus grande affaire, la plus considérable, et la seule que j'aye, et même la plus dangereuse, fut tombée entre les mains d'un homme qui a épousé la nièce à la mode de Bretagne du plus grand ennemi que j'aye au monde, ma partie ledit Bercy. Mais l'assistance de Dieu et la faveur du Roy m'ont sorty avantageusement de tous mes embarras, au moins pour trois ans, à compter depuis le 24 mars 1684. Ce terme achevé, moy, ou ceux qui viendront après moy s'en tireront le mieux qu'ils pourront; au pis aller, quand je seray mort *fera les vignes qui pourra :* chacun a ses peines. Si, en cela, j'en laisse quelqu'une à ma succession, je leur laisseray d'autre part de

quoy faire prier Dieu pour moy, si le cœur leur en dit; mais
il ne faut guère se fier aux enfants, car le siècle n'en produit guère de reconnoissants. Ils jouissent commodément
des travaux de leurs pères, sans se mettre guère en peine si
leurs âmes sont en repos ou non : c'est donc à nous de songer, tandis que nous vivons, à nos affaires du costé du Ciel :
mais hélas! le temps coule et nous courons à la mort, sans
faire les réflexions en tel cas requises.

Fait, ce 8 d'octobre 1684, à la Motte-Saint-Jean.

Peut-estre voicy la dernière fois que j'écriray dans ce
livre-cy, car me voyant sur le point de partir pour aller voir
mes enfans à Paris, après avoir essuyé trois mois de goutte
fort rigoureuse, et qui a achevé de me mettre à bas et fort
affoibli, il n'y a pas d'apparence que je puisse revenir ici,
joint que, quand je le voudrois, je ne le pourrois, parce
que je ne puis plus trouver de foin à acheter pour mes chevaux, et que de plus ayant séjourné ici plus de six mois, j'ay
tant fatigué mes courvoyables à me charrier mon bois, mes
vins, mes blés, à mener les fournées, qu'ils ne peuvent plus
y fournir. Il faut les laisser reposer, car en ce pays de mon-
tagnes, où la maison est située, les charrois sont bien plus
pénibles aux bœufs qu'ils ne le seroient ailleurs : joint que
les rivières, qui ont été grandes toute l'année, m'ont empesché de tirer du service de mes sujets, qui sont en grand
nombre de l'autre costé de la rivière de Loire. Quoyqu'il
en soit je n'attends qu'un peu de temps plus doux, un peu
plus de beaux chemins, et un peu de santé pour m'en aller

d'icy. Mais ce sont trois choses bien difficiles à rassembler, dans une saison comme celle-ci, que nous comptons le 8 janvier 1685.

Signé C........

Encore faut-il que je dise trois grands malheurs qui me sont arrivés, et dont je n'ay point parlé.

Le premier fut la mort malheureuse du pauvre messire Henri de Maupas Du Tour, évêque d'Évreux, oncle de ma femme, qui se tua, le jour de Saint-Laurent 1680, en revenant de dire la messe à Saint-Laurent, paroisse près d'Évreux. Les chevaux, qui étoient jeunes, s'emportèrent, mirent son carosse en pièces, qui en se versant et se brisant le jeta dehors aussi tout brisé, et il en mourut deux jours après, sans avoir parlé et sans avoir reconnu personne que moy, qui arrivay le même jour de ce malheur à Évreux, pour être témoin d'une si misérable mort [1].

Le second malheur qui m'est arrivé, ce fut la mort de mon jeune fils, garçon de grande espérance, qui mourut à Paris, la nuit du 29 au 30 juillet 1682, à l'âge de quinze ans. Je fondois sur luy le relèvement de ma maison, car l'aisné a pris la profession ecclésiastique et paroît vouloir y persister, et moy je le laisse en liberté de faire ce qu'il voudra, car c'est son affaire plus que la mienne.

---

[1] On lit dans la *Gallia christiana* (tom. X, pag. 619) : *Henricus Cauchon de Maupas Du Tour cessit in gratiam sequentis* (Ludovici Joseph Adhemar de Monteil de Grignan) *mense februario, an.* 1680, *ætatis annum agens* 80, *quo anno dum e pago non longe dissito, quo populum cælesti verbo recreaturus perrexerat, Ebroicas revertitur, equorum quatuor impetu abreptus, dum rheda se proripere tentat, lapsus et rotis protritus, e terra fere exanimis levatus est, et post dies duos, sacramentis ecclesiasticis munitus, animam exhalavit,* 12 *Augusti anni ejusdem.*

Le troisiesme et le plus grand de tous mes malheurs est la perte que j'ay faite d'Anne de Maupas Du Tour, ma femme, qui mourut à la Motte-Saint-Jean, d'une longue maladie, le 16 may 1683, c'est une si grande perte pour moy et pour ma famille, que nous la devons pleurer tant que nous vivrons, avec des larmes de sang. Je ne suis pas assez habile pour faire son panégyrique; c'est pourquoy je n'en diray que trois mots : elle étoit prudente, habile, et vertueuse. Bonne ménagère; elle n'a jamais su ce que c'étoit que colère et vengeance, ni de parler mal de qui que ce soit au monde. Ma consolation est que je la reverrai bientôt en Paradis, s'il plaist à Dieu.

Fait, ce même jour, 8 janvier 1685.

Signé C.......

Adieu paniers, vendanges sont faites.

FIN DES PETITS MÉMOIRES.

———

ERRATUM DE LA NOTICE.

Page x, au mois d'août 1687; *lisez :* au mois d'août 1637.

AVERTISSEMENT

DE L'AUTEUR.

Peut-estre qu'un jour quelqu'un, après ma mort, s'avisera d'ouvrir ce présent livre, le prenant pour un livre de comptes, il est vray que c'est un livre de comptes, mais ce sont des comptes véritables, et où ceux qui viendront après moy trouveront peut estre plus à profiter que s'il contenoit ce qu'ils se seront imaginés qu'il devroit contenir; puisqu'il me semble qu'il y a plus d'avantage de trouver des réflexions formées par un père, qui a passé dans toutes les avantures de ce monde, et qui donne aux siens des avis pour leur conduite, qu'à examiner les parties d'un receveur.

Je commenceray, mes enfans et parens, à vous donner, pour première maxime, de ne jamais servir que le Roy, et pourtant de ne vous attacher jamais au Roy. Voilà deux choses qui paroissent opposées, et qui ne sont pourtant pas difficiles à concilier. Je veux donc

1

dire que je conseille à mes enfans, à mes parens, à mes amis, et *à tous ceux qui ces présentes lettres verront,* de n'estre jamais d'autre party que de celuy du Roy, qui est le plus juste, le plus raisonnable, le plus seur et le plus utile, selon Dieu et selon le monde; mais en même temps je leur conseille de ne s'attacher jamais à la personne du Roy, mais à ses ministres, car voicy comme je raisonne : Si vous ne donnez point dans l'inclination particulière du Roy, vous n'avancerez rien, et serez pourtant toujours en butte aux ministres, qui verront que vous aurez pris un autre chemin que le leur, pour faire vos affaires, et ainsi vous seront toujours contraires.

Que si vous venez par hasard à estre fort agréable au Roy, ce sera alors que les ministres vous déclareront la guerre, et feront tant de batteries contre vous, et vous joueront tant de diverses pièces, qu'il faudra de nécessité que vous y succombiez; car ces gens-là, quoyque très mal d'accord d'ailleurs, s'accorderont toujours quand il s'agira de perdre un homme qui leur est suspect, et qu'ils croiront leur pouvoir faire quelque peine; c'est la maxime du ministre d'aimer mieux perdre cent hommes inutilement que de manquer à en abymer un qu'ils jugent, de cent lieues loin, pouvoir un jour gagner part aux bonnes grâces du maistre, si petite qu'elle puisse estre.

Il n'en est pas de même des ministres, car estant

bien avec eux, vous serez toujours bien avec le Roy, avec qui ils vous establiront toujours autant bien qu'il leur plaira, et vous ne serez jamais dans aucun danger de disgrace, puisque ceux qui vous pouvoient ruiner, ayant été ceux qui vous auront establi, ils n'auront garde de ruiner leur ouvrage.

Je sçay de très bonne science que le Roy avoit aversion pour M. de Luxembourg et pour le maréchal de Rochefort [1], et cependant nous avons vu que malgré les fautes de l'un et le peu de mérite de l'autre, ils ont été eslevés à la plus haute fortune qu'on puisse faire à la Cour, parce qu'ils s'estoient tous deux dévoués au très humble esclavage de M. de Louvois [2].

Je ne veux pas m'ériger en Corneille Tacite, ni en Cicéron, mais j'ay cru devoir ce petit avis comme la pierre fondamentale de la fortune de ceux qui voudront chercher leur fortune à la Cour.

Ensuite je passeray à une briève narration de ma vie, non par aucun esprit de vanité, mais pour faire seulement voir à mes enfans et parens que, si je suis mort *casanier*, je n'ay pas vescu comme un casanier, et que tant que mes forces me l'ont permis, j'ai suivy la Cour

[1] Henri Louis d'Alvigny, marquis de Rochefort, maréchal de France en 1675, de la création qu'on appela *la Monnoie de Turenne*. Il avait servi en Hongrie sous le comte de Coligny.

[2] Le maréchal de Luxembourg ayant cherché à se soustraire à cette dépendance, Louvois s'en vengea en le mêlant à l'affaire des poisons. (*Mémoires de La Fare*, 2ᵉ série de la collect. Petitot, LXV, 256.)

et la guerre, sans avoir emporté autre avantage que
la satisfaction de moy-mesme, et la consolation de
m'estre, dans quelque party où j'aye esté, toujours
comporté en homme de bien, et fidèle à ceux à qui
j'avois engagé ma parolle, ou justement, ou contre
mon devoir.

MÉMOIRES

DU

COMTE DE COLIGNY.

JE nacquis le jour de Noël 1617, à Saligny. Je fus tenu sur les fonts par Jean de Coligny, chevalier de Malthe, mon oncle paternel [1], et par madame de Saint-Géran, ma bisayeulle paternelle [2], mère du maréchal de Saint-Géran et de Françoise de La Guiche, ma grande mère paternelle [3].

A l'âge de dix ans je fus mis au collége des Jésuites, à Moulins, avec Gaspard de Coligny, mon frère aisné ; nous avions un gouverneur, nommé Saulnyn, fort honneste homme, un page, nommé Petit, un lacquais, nommé Belot, et une servante, nommée Marguerite. Nous y demeurâmes un an et demy, ensuite mon frère fut mis page de la chambre du roy Louis XIIIe, et on me ramena de Paris pour me mettre à un méchant

---

[1] Jean de Coligny-Saligny, chevalier de Malte, tué le 21 juin 1622, à l'assaut de Saint-Anthonin, en Languedoc.

[2] Suzanne-des-Serpens, dame de Chitain, mariée, en 1566, à Claude de la Guiche, seigneur de Saint-Géran.

[3] Elle avait épousé, en 1584, Gaspard de Coligny-Saligny, premier du nom.

petit collége de Paroy-le-Monial [1], où je demeuray huit
mois, ensuite de quoy on me mit à Paris au collége de
Beauvais, où je demeuray deux ans.

En 1633, on me mit page du cardinal de Richelieu,
où j'appris assez bien mes exercices, excepté que je
n'ay jamais esté bon homme de cheval, quoyque j'y
fusse fort ferme, mais j'avois la main rude.

En 1635, je sortis hors de page, et fus mis dans la
mestre de camp [2] du régiment des gardes, commandée
par M. de Rambure. Estant à l'âge de seize à dix-sept
ans, je tuai tout roide un soldat, à qui j'avois donné
un soufflet et qui m'en avoit rendu un autre [3]. La
guerre ayant été ensuite déclarée avec les Espagnols,
je me mis dans la compagnie de Maleissie, où je fis le
voyage d'Allemagne avec toutes les peines et les misères
qu'il est possible de souffrir; car, au retour de Mayence,
Galas, avec une armée beaucoup plus puissante que la
nostre, nous suivit jusqu'à Metz, sans nous donner le
loisir de respirer; il fut pourtant toujours battu dans
toutes les attaques qu'il nous fit, et dans toutes les
embuscades qu'il nous dressa; mais il ruina notre
armée, dont le reste fut sauvé par le savoir-faire du duc
de Weymar, car le pauvre cardinal de La Valette avoit
perdu la tramontane, et, sans ledit duc, nous étions
tous perdus, sans qu'il en fut échappé un seul [4].

[1] Paray-le-Monial, petite ville du Mâconnais, département de Saône-
et-Loire.

[2] La première compagnie d'un régiment s'appelait la *mestre de camp*.

[3] Ce soldat s'appelait La Carcie. (*Petits Mémoires de Coligny*.)

[4] Tout l'honneur de la retraite de Mayence appartient au duc de
Weymar. (*Mémoires d'Arnaud d'Andilly*, 2ᵉ série de la collection
Petitot, XXIV, 68.)

Étant arrivé à Metz, je quittai le régiment des gardes, l'an 1635, pour m'en aller, par ordre de mon père, voir ma mère qui étoit en Bourgogne, à la Motte-Saint-Jean, et que je n'avois vue depuis huit ans ; après avoir demeuré quelque temps auprès d'elle, mon père me mena au siége de Corbie, prise par les Espagnols, qui avoient fait une grande irruption dans la France [1] ; ensuite de quoy mon père, qui ne savoit que faire de moi, parce qu'il n'estoit en volonté, ni peut être en estat, de faire aucune dépense pour moi, s'avisa, tant pour cette raison que pour se raccommoder avec le cardinal de Richelieu, avec qui il estoit souvent brouillé, pour les attachemens fidèles qu'il avoit à la personne du Roy, son bon maître ; ce qui ne plaisoit pas au cardinal, qui vouloit que tout le monde fut à lui à quelque prix que ce fut, de sorte qu'il falloit, sous son règne tyrannique, que tous les gens de la Cour fussent infidèles ou malheureux ; mon père s'avisa, dis-je, de me mettre dans les mousquetaires à pied, ou gardes dudit cardinal.

Ce fut pour moi une mortification bien sensible, de devenir garde d'un homme de qui j'avois été page, et chez qui j'avois commencé à vivre avec les honnestes gens ; d'être obligé à reprendre le mousquet et à vivre avec des pieds plats, faire sentinelle et coucher sur la paillasse. Ce fut dans ce temps, en l'espace de dix-neuf mois, qu'après avoir pris patience cinq ou six, je

---

[1] Cette invasion causa à Paris une grande épouvante. (*Mémoires de Montglat*, ibid., XLIX, 126.)

m'abandonnay le reste du temps à toutes les débauches
dont la jeunesse est capable, passant les jours au cabaret et les nuits au b....., et faisant une vie horrible,
sous prétexte que j'estois malade de la fièvre-quarte. Je
ne laissois pas de me garder de faire des actions infâmes,
comme de filouterie et escroquerie, mais c'est un mi-
racle que j'aye échappé de tant de querelles, soit à
l'hostel de Bourgogne, soit au cabaret, ou au b.....;
car nous étions trois ou quatre qui voulions être maistres par tout. Dieu, par sa bonté et par les causes
secondes, me tira de là; Beauregard de Champrond,
mon oncle [1], étant venu apporter la nouvelle d'un
colonel lorrain, nommé Cliquot, et ayant appris par
Cavoye, mon capitaine, la vie que je menois, me donna
une compagnie de dragons, ou mousquetaires à cheval,
dans son régiment de cavalerie. Ces dragons marchoient
à la tête, pour mettre pied à terre et se saisir des passages, suivant les occasions qui se pouvoient offrir. Je
pris ce parti avec joie; nous passâmes en Italie, et
commençâmes nostre campagne par le secours de
Chivas, que le prince Thomas de Savoye, qui avoit pris
le parti de l'Espagne, avoit assiégé. Il fut obligé de se
retirer; et, dans sa retraite, m'étant trop avancé, ma
compagnie fut presque toute défaite et taillée en pièces,
et moi pris et repris par les ennemis et par les nostres [2].

---

[1] Claude de Gadagne, seigneur de Beauregard, avait épousé, en
1604, Éléonore de Saligny, tante du comte de Coligny.

[2] « L'artillerie espagnole tira sur l'escadron de Beauregard-Champ-
rond. » (*Mémoires de Montglat*, collection Petitot, 2ᵉ série, XLIX,
254.)

Nous vismes cette campagne de belles occasions, entre autres le combat de la *Route* [1], où, avec mes dragons, j'eus ordre de gagner une hauteur. J'y trouvai les ennemis qui y arrivoient aussi pour s'en saisir; je les en chassai, gagnai le poste, et le conservai assez de temps pour être secouru; il étoit important, je fus loué pour cette action, comme j'avois été blâmé deux ou trois mois auparavant pour m'être avancé assez mal à propos, mais M. de La Mothe, qui fut depuis maréchal de France, et qui étoit en ce temps une petite espèce de favori, rendit de bons témoignages de moi au cardinal, et lui dit qu'il avoit nourry un homme qui avoit un peu de feu, mais qu'il croyoit que je serois un jour bon à quelque chose; que j'aimois le service et que je me trouvois partout. La campagne faite, je quittai les dragons, et vins voir le cardinal qui me fit fort bon visage.

L'année d'après, qui fut en 1640, la Normandie s'étant presque toute révoltée, et Gassion y ayant presque tout mis à sac, et l'ayant remise en quelque sorte de devoir, mais les esprits estant demeurés fort altérés, tant d'un reste de révolte que des mauvais traitemens que les troupes avoient fait au pays, le Roy résolut opiniâtrément, et de son propre choix, d'y envoyer Gaspard de Coligny, mon père, dont il respondit au cardinal, qui n'aimoit pas mon père pour les raisons cy-dessus rapportées, avec des troupes, pour mettre le

---

[1] La journée de la *Route*, où le comte d'Harcourt battit les Espagnols, quoiqu'ils lui fussent très-supérieurs en nombre.

reste des *pieds-nuds* à la raison (c'est ainsi qu'on les appeloit[1]), avec ordre néanmoins de porter, autant qu'il pourroit, les choses à la douceur; à quoy le Roi fut si bien obéi, qu'ayant déclaré d'abord qu'il apportoit la paix et la douceur, il ne fut plus parlé que de festins, de réjouissances et d'amour, et mon père, pour en donner l'exemple aux autres, s'en acquitta fort bien, et en cela il ne forçoit point son inclination. Mais il est très vray qu'en se divertissant il servit parfaitement bien le Roi, car il gagna si bien tous les esprits, et particulièrement ceux de la noblesse, qu'il y étoit adoré. Il y passa deux campagnes, où il fit fort bien ses affaires et passa fort bien son temps, car tout le monde le traitoit à l'envi avec une splendeur prodigieuse; mais surtout s'il y servit parfaitement bien le Roy, il s'y divertit encore mieux, et entre ses autres aventures il lui en arriva une assez plaisante. Il étoit chez le vieux président de Franquetot, à Cougné ou Cougny, dans la campagne. Son fils, qui exerçoit la charge de son père, avoit une femme fort belle et fort galante. Quoiqu'elle eut des engagemens avec son beau-frère, elle ne laissa pas d'en prendre avec mon père. Les heures étoient un point difficile pour le tête-à-tête pendant le jour; il crut que la nuit lui seroit plus favorable, et il proposa un rendezvous à la dame, laquelle, quoique couchée avec son mari, y consentit assez imprudemment; à cette imprudence s'en joignit une autre, c'est qu'elle désigna si

---

[1] Les révoltés de Normandie appelaient leur chef, *Jean-va-nudspieds*, pour signifier que le poids des impôts les avait mis hors d'état d'avoir des chaussures. (*Mémoires de Montglat*, déjà cités, p. 260.)

mal le costé où elle couchoit, ou mon père le retint si
mal, qu'au lieu de mettre la main sur le visage de la
dame, il la mit justement sur la barbe et le visage du
mari, qui, par malheur, ne dormoit pas fort profondé-
ment. Le président, surpris de cette caresse, à heure
indue, et qui d'ailleurs étoit peut-être dans quelque
défiance, porte prestement sa main sur celle qu'il sen-
toit, et attrappe justement une bande des manches de
mon père, qui portoit toujours des pourpoints tailladés.
Le président fit un cry de guerre et de deffy, mon père
se retira avec violence et menaces de le tuer; voilà la
maison en alarme, les gens de mon père se rangent
auprès de lui, ceux du président se mettent auprès de
leur maître, qui ce pendant gourmoit d'importance la
présidente : enfin un ange de paix parut, qui, par son
adresse, calma ce désordre effroyable : ce fut une madame de Baudreville, fille du vieux, et sœur du jeune
président. Elle se leva en juppe au bruit qu'elle entendit,
et, s'étant promptement informée du sujet, comme
elle avoit infiniment d'esprit, elle inventa tout d'un
coup une ruse fort adroite qui remit la tranquillité
dans cette maison et dans les esprits. Car, sans avoir
parlé à mon père, elle se mit à gourmander son frère
de ses emportemens, et l'assura, en parole de femme
d'honneur, et lui fit des sermens authentiques, que
c'étoit une partie faite entre eux tous, dès le soir, que
mon père iroit lui faire peur, et éprouver s'il craignoit
les esprits, et qu'elle s'étonnoit fort que sa belle-sœur
ne le lui eût pas dit, quand elle vit qu'il s'emportoit.
La pauvre présidente, quoique gourmée, assura la

mesme chose, mais qu'elle avoit été si espouvantée de
la fureur de son mary qu'elle avoit perdu le jugement,
et par conséquent le souvenir de l'avertir et de le désabuser promptement. Le président fut si bien tourné,
prêché et exorcisé, qu'il crut, ou feignit de croire ce
qu'on lui disoit. Cependant l'équipage de mon père
étoit en estat, et mon père, qui estoit averti de son
costé, se faisoit tenir à quatre, et se plaignoit de ce que
le président avoit ainsi pris de travers une petite gaieté
entreprise de concert avec tout le reste de la famille.
Le pauvre président, à qui le sang-froid et la raison
étoient revenus, ne vouloit pas se rendre irréconciliable
mon père, qui étoit maistre de la Normandie; de plus
il considéra sagement que si la chose alloit plus loin il
se rendroit la fable de toute la province; il prit donc le
parti de venir faire des excuses à mon père, lui qui les
devoit plustost recevoir, si on en doit au moins recevoir d'un homme qui nous fait une si grave injure. Le
vieux président, qui, quoique octogénaire, s'estoit levé
au bruit comme les autres, amena son fils par la main
dans la chambre de mon père, suivi du reste de la
famille, car l'abbé, et encore une autre sœur, nommée
madame de ....¹, y étoit aussi. Mon père, après
quelques petites façons, reçut les honnestetés comme il
le devoit, en fit aussi de son costé; les chevaux de carrosse furent dételés, les chevaux dessellés, et chacun
s'alla coucher, et dormit qui le pût; il n'y eut que la
pauvre présidente qui. . . . .

---

¹ Le nom est resté en blanc au manuscrit.

reçut des coups de poing de son mari; mais l'homme propose et Dieu dispose. Le lendemain on se trouva dans une tranquillité fort grande, mais chacune des parties fut bien trompée; elles avoient presque un égal interest à tenir cette histoire cachée; qui n'eut cru qu'une affaire, arrivée à deux heures après minuit, dans une maison de campagne, *intra privatos parietes*, ne dut rester secrette? cependant, par je ne sais quel malheur, et par la fidélité ordinaire des domestiques, jamais affaire ne fut tant divulguée que celle-là; elle fit tant de bruit, et elle est demeurée si fort dans la mémoire des Normands, que les antiquaires de cette province en parlent encore tous les jours, quoique l'affaire se soit passée en 1641, et qu'il y ait trente-sept ans qu'elle est arrivée [1].

Je n'estois plus alors en Normandie, car au commencement de cette année M. le comte d'Harcourt m'avoit donné une compagnie dans son régiment de cavallerie, avec laquelle je passai en Italie, où nous assiégeasmes et prismes Coni, et sur la fin du siége nous eusmes querelle pour le commandement, le marquis d'Équé, autre capitaine (*et moi*), pour la maladie du chevalier de Maugiron; il fallut qu'il obéit, dont se trouvant fâché, il me fit appeler trois jours après dans un village nommé Poiring. Il se servit de son gentilhomme et je me servis du mien. Nous nous battions fort matin dans un pré, la nuit avoit été très humide et l'herbe étoit glissante, nous n'avions que de petites

---

[1] On voit ici que le comte de Coligny écrivait cette partie de ses *grands Mémoires* en 1678.

épées fort courtes, nous nous battions de près, je lui
passai mon épée sous le bras, et de la garde et de la
main je le poussai si rudement qu'il tomba tout plat. Je
croyois lui avoir passé mon épée au travers du corps,
et une petite oie couleur de feu [1] me l'ayant encore persuadé, car on n'est pas trop de sang-froid quand on se
bat; le voyant donc par terre, je lui criai : « tu es
« mort, rends l'épée. » Il me dit : « Coligny, je ne suis
« pas blessé, fais-moi la courtoisie de me laisser rele-
« ver » Je fus assez sot pour lui accorder ce qu'il me
demandoit, mais je faillis à m'en repentir; car il me
porta un coup qui me décousit toute la peau de l'estomac, et si je n'eusse fort prestement quarté [2], il me donnoit dans le cœur, car je suis gaucher. Comme nous
nous chamaillions fort vertement, un nommé Champ-
fort, qui a été lieutenant général de l'artillerie, fort
honnête homme, qui nous avoit vu passer très matin,
et s'étant défié de quelque chose, nous avoit suivi secret-
tement, nous vint séparer; il fit un grand plaisir à l'un
et peut-être à tous deux [3]. Depuis nous avons été fort
bons amis.

Nous passâmes encore en Piémont, l'an 1642, mais
M. d'Harcourt n'étoit plus général; M. de Longueville
lui avoit succédé. Nous prismes Tortone, avec des fati-
gues horribles; nous en eusmes encore plus à le ravi-
tailler, et avec tout cela il ne laissa pas de se perdre. En

---

[1] On appelait *petite oie* un assortiment de rubans qui faisait partie
de l'habillement.

[2] *Quarté*, terme d'escrime qui équivaut à *pirouette*.

[3] Coligny raconte brièvement ce duel dans ses *Petits Mémoires*.

1643, nous repassasmes en France; le régiment d'Harcourt fut presque tout défait à la bataille de Rocroy, où je ne me trouvay pas, et je fus malade durant tout l'été.

En 1644, Harcourt fut en Limousin et en Languedoc, pour quelques révoltes du Limousin, et sur la fin de la campagne on nous fit passer en Catalogne, où le maréchal de La Mothe, qui en étoit vice-roi, avoit fort mal réussi, ayant perdu la bataille de Lérida, ou d'Alcolegette; et ayant voulu, après avoir été renforcé, assiéger Tarragone, il fut contraint de lever le siége. On le sortit de Catalogne, et, pour n'avoir pas voulu reconnoistre M. Le Tellier, qui avoit succédé à M. De Noyers dans la charge de secrétaire d'Estat, ou pour d'autres raisons que je ne sais point [1], il fut mis prisonnier à Pierre-Encise, à Lyon.

En 1645, M. le comte d'Harcourt vint en Catalogne, en qualité de vice-roy, où, pendant la première campagne, il fit des merveilles, gagna la bataille de Liorens sur les Espagnols, où il défit presque toute leur armée, et ruina le reste qui s'étoit retiré dans Balaguer. Son régiment, dont j'étois major, y fit très bien son devoir.

Ensuite l'armée étant campée à Termes, et moi avec trois régimens à Ménargues, je défis, moi soixantième,

---

[1] Le maréchal n'avait pas été heureux en Catalogne, et Le Tellier, qui exerçait la charge de De Noyers, cherchait à détruire les créatures de celui qu'il voulait supplanter. (*Mémoires de Montglat*, audit lieu, XLIX, 456.) Le maréchal de la Mothe Houdancourt demeura prisonnier à Pierre-Encise jusqu'au mois de septembre 1648.

mais tous officiers, moi commandant, nous défismes,
dis-je, et battismes tout net quatre cent chevaux en
pleine campagne, qui est une chose fort extraordinaire et fort surprenante, dont on ne dit pas un mot
dans la gazette ni à la Cour.

Il ne fut pas si heureux l'année d'après; car, ayant
assiégé Lérida, et le voulant opiniâtrement prendre par
famine au lieu de l'attaquer par force, après six mois
de blocus, le marquis de Lègnes surprit, la nuit, le fort
de Rèbe, commandé par le comte de Merinville,
maréchal de camp, et M. le comte d'Harcourt, s'opi-
niâtrant à le vouloir reprendre, fit périr la plus grande
partie de son armée sans rien faire, et cependant la ville
fut secourue des autres costés aussi bien que de celui-
là, car pendant qu'ils nous tenoient tête avec une partie
de leur armée, ils firent couler le reste dans la ville et
nous levâmes le siége. J'y reçus un grand coup de pistolet dans le petit ventre. Mon péché me sauva, car
j'avois mon gousset gauche rempli de poulets d'une
religieuse; ils soutinrent le choc de la balle, qui, par
ce moyen, ne fit que percer la peau et entrer dans le
corps de l'épaisseur d'un doigt. M. d'Harcourt fut mal
à la Cour et son régiment sortit de campagne.

En 1647, le régiment d'Harcourt alla servir en Flandres, quoiqu'il eût esté presque tout taillé en pièces
devant Lérida, et que nous eussions eu fort peu de
temps pour nous raccommoder, il ne laissa pas de faire
une fort belle action, et je puis dire, sous mon commandement, car Maugiron avoit quitté le service. Le
régiment d'Harcourt sauva l'armée de M. de Rantzau,

qui, à l'arrière-garde, estoit toute mise en déroute par le marquis de Caracène, qui nous estoit tombé sur les bras, sur la digue de Dixmude, que nous avions suivie en revenant de faire sauter le fort de Nieuvendam, proche le Nieuport. Le cardinal Mazarin m'écrivit une grande lettre de remerciemens et me promit merveilles, mais la récompense qu'il me donna fut de me faire mettre à la Bastille, l'hyver d'après, pour avoir un peu gourmandé, dans Abbeville, l'intendant de Picardie, nommé Gamin. Voilà la récompense que j'eus d'une des plus belles actions qu'on puisse faire; car, avec le seul régiment d'Harcourt, je battis l'avant-garde des ennemis, et je rétablis les affaires; mais j'ai toujours été accompagné d'une destinée si bizarre, que, quand j'ay bien servi, j'ay esté maltraité, et quand j'ay esté parmi les Espagnols, et que je méritois chastiment et la mort, j'ay esté le mieux traité et le plus caressé. Ayant esté fait deux fois prisonnier, estant Espagnol, pour le service du prince de Condé, j'ay esté traité d'une façon si extraordinaire et si obligeante, que je ne puis comprendre ni imaginer comment cela s'est fait, et si je le comprends, je ne le veux du moins pas dire.

Après avoir passé l'hiver de 1648 à Abbeville, et estant sorti de la Bastille, M. le Prince prit le commandement de l'armée de Flandres, et assiégea Ipres, qu'il prit, mais il laissa perdre Tournay, qui valoit beaucoup mieux. Il est vray que, le 20 d'aoust, il gagna la bataille de Lens, en Artois, où j'eus un bras cassé par un colonel des ennemis, que je tuai à la teste de l'armée, un moment avant la bataille. Il m'estoit venu

2 *

appeler. Nous vinsmes l'un à l'autre, mismes la teste de
nos chevaux l'une contre l'autre, et tirasmes nos deux
coups, dont, comme dit est, j'eus le bras cassé et lui
fut tué, et un moment après j'eus un coup de mousquet du costé droit, dont j'ay porté la balle pendant
trois ans, avec des douleurs horribles. J'eus plus de
quinze coups sur moi et sur mon cheval ce jour-là.

En 1649, la guerre de Paris. M. de Chastillon et
mon frère, le marquis d'Orne[1], furent tués à l'attaque
de Charenton, pendant que j'estois allé en Normandie
prendre congé de M. le comte d'Harcourt, parceque
M. le Prince m'avoit donné le commandement et
m'avoit fait mestre-de-camp-lieutenant du régiment
de M. le duc d'Anguien, cavallerie.

Hinc mihi prima mali labes[2].

C'est ce qui a esté cause que je me suis attaché à lui, et
que j'ai fait beaucoup de choses contre mon inclination,
et ensuite avec les Espagnols, sept ans, et deux fois
prisonnier de guerre pour son service; et tout cela
s'est terminé en une guerre mortelle et une haine
irréconciliable entre nous; car s'il me hait en diable,
je le hais en diable et demi; mais revenons.

Après la paix faite à Paris, on assiége Cambray, aux
enseignes qu'on ne le prit pas; M. le comte d'Harcourt

---

[1] Gaspard, comte de Saligny, marquis d'Orne, capitaine-lieutenant
des gendarmes de la Reine, tué au combat de Charenton, le 8 février 1649. (*Père Anselme*, VII, 159, et *Mémoires de Montglat*,
Collect. Petitot, 2ᵉ série, L, 158.)

[2] *Virg. Æneid.*, lib. II, v. 97.

manqua cette place aussi bien que Lérida ; pour le venger, on entra dans le pays ennemi ; on prit Condé ; on envoya un grand parti de quatre mille chevaux, commandés par le maréchal de Grancé et moi sous lui. Nous prismes Bossu, où il y a eu des filles et des femmes violées par les coureurs, avant que nous y fussions arrivés, et dans une grande cour, je vis plus de cent hommes, tout à la fois, qui se démenoient d'importance. Il y eut un officier qui m'amena une fille de douze à treize ans, fort belle, à qui, disoit-il, il n'avoit pu rien faire, ... mais je la renvoyai. Il est vrai que je n'ai jamais vu une si hardie, ni si jolie petite créature, mais je n'ai jamais voulu faire cela de par le Roi, ni par force, quoique d'ailleurs j'aie été assez mal vivant.

En 1650, je menai le régiment d'Anguien en quartier d'hiver en Limousin, et estant à Limoges, logé chez l'évesque, de la maison de la Fayette[1], mon parent et un des plus honnestes hommes du monde, il m'advertit un soir, en grand et extrême secret, que MM. les princes de Condé, de Conti et de Longueville avoient esté arrestés, sur quoi, l'ayant aussi appris d'ailleurs, je me résolus à une entreprise hardie et difficile ; ce fut de retirer les troupes qui estoient répandues dans le Limouzin. Je donnai un rendez-vous secret aux régimens de Condé, d'Anguien, et aux gardes de M. le Prince, et marchai en dépit de toutes les troupes du

---

[1] François Motier de La Fayette, évêque de Limoges en 1627, premier aumônier de la reine Anne d'Autriche, mourut à l'âge de quatre-vingt-six ans, le 3 mai 1676.

Roi qui estoient en Auvergne, Limouzin, Bourbonnois et Nivernois, qui s'assemblèrent toutes pour me
défaire, mais je conduisis ma marche de sorte que je
passai en dépit d'eux les rivières d'Allier et de Loire.
Je me rendis maistre avec six hommes de Vichy, où il
y avoit deux compagnies de M. le duc d'Orléans en
garnison, et je fis si bien que, sans perte, je gagnai
Bellegarde ¹, quoique j'eusse esté suivi par le maréchal
de la Ferté Imbault, jusqu'au passage de la rivière de
Loire, où il arriva un moment après que je l'eûs passée,
à Givardon proche Digoin. Il trouva mon page et mon
trompette qui s'estoient amusés à boire, estant en pays
de connoissance, à une lieue de la Motte-Saint-Jean,
qui est à moi. Il me les renvoya fort honnestement,
estant fort de mes amis et de mon père. Je menai les
troupes à Bellegarde sur la Saône, qui est une place
appartenant à M. le Prince. Le cardinal Mazarin y
amena le Roi, et à Dijon; on nous bloqua, mais
n'étant pas en estat de nous défendre, n'ayant ny
armes qui valussent, ny infanterie, on se rendit,
et quoiqu'on eût tiré notre parole de ne plus servir
M. le Prince, prisonnier, je la tins en mon particulier non tenable, parce qu'elle estoit forcée, et malgré
mon père, dont j'encourus la disgrâce, je fus trouver
madame la Princesse à Mont-Rond, près Saint-Amand,
en Berry, où, ayant esté conseillée d'agir pour son
mari, elle prit la résolution d'aller joindre M. de
Bouillon à Turenne; elle voulut bien se fier de ce
voyage à ma conduite. Elle partit à minuit accom-

---

¹ Bellegarde, dans l'ancien Forez, département de la Loire.

pagnée d'environ quarante chevaux ; elle fit environ
cinq ou six lieues dans son carrosse qu'elle renvoya à
Mont-Rond. Pour faire plus de diligence, elle monta
en croupe derrière moi, sur un cheval qui s'appeloit le *Brézé*, qui venoit sans doute de son père, et
valoit mille écus. La première journée nous fismes
dix-sept lieues, et allasmes coucher à Marcillac, chez
un vieux et bon gentilhomme, nommé La Garde,
qui nous fit du mieux qu'il pût, et sa femme, à qui
j'avois dit que c'estoit une femme riche que j'avois enlevée, fit tout ce qu'elle put pour obliger madame la
Princesse à m'épouser. Il estoit bien vrai que je l'avois
enlevée, mais on peut faire beaucoup de choses sans
estre mariés ; la conduite que cette Princesse a tenue
dans la suite ¹ permet au lecteur de juger tout ce qu'il
lui plaira de nos aventures dans ce voyage ; mais qu'il
prenne garde de blesser son honneur ni sa réputation,
ni d'en tirer de fausses conséquences, comme d'autres
ont fait, sur un combat qui cousta la vie au pauvre
marquis de Cessac, fils du comte de Clermont-Lodeve,

¹ Une aventure avec un jeune page du nom de Rabutin, cousin du
comte de Bussy, fit reléguer la princesse de Condé à Châteauroux, où
elle demeura prisonnière jusqu'à sa mort. « Ce Rabutin, dit le duc de
« Saint-Simon, étoit ce page pour lequel madame la Princesse fut
« enfermée à Châteauroux, d'où elle n'est jamais sortie, et où, après
« tant d'années, elle ignora toujours la mort de M. le Prince, son mari,
« gardée avec autant d'exactitude que jamais jusqu'à sa mort, par les
« ordres de M. le Prince, son fils. » (*Mémoires de Saint-Simon*, Paris,
1829, IV, 371.) Cette anecdote est racontée par madame de Sévigné
dans une lettre à Bussy Rabutin, voyez notre édition des *Lettres de
madame de Sévigné*, Paris, Blaise, 1818, I, 227. Voyez aussi le sup-
plément de Bussy, 1ʳᵉ part., p. 89

dont je parlerai en son lieu. La seconde journée fut encore de dix-sept lieues. Je menai la Princesse coucher à Montaigu, proche Ravel, dans la Limagne d'Auvergne, chez la marquise de Bouillé, ma cousine, mère de la duchesse du Lude, qui nous fit grande chère, quoique surprise fort tard, et que la suite fut grande. Le lendemain nous partismes fort matin, car nous ne jugions pas à propos de faire grand séjour, et pour cause, et fusmes coucher dans la maison d'un des Canillacs, nommé le comte de la Mothe, ce me semble, qui n'y estoit pas. Le jour d'après, on alla loger chez le vicomte de Dienne-Canillac, qui fit toutes sortes d'honneurs et de bonne chère à madame la Princesse, et où elle fut contrainte de demeurer long-temps, et les incommoda beaucoup, tant par le mauvais temps, la difficulté des chemins, que pour n'avoir point de nouvelles du duc de Bouillon. On n'estoit point assuré qu'il voulut nous recevoir, car nous marchions au hazard. Je ne crois pas, par parenthèse, que M. le Prince ait jamais fait un seul remerciement au vicomte de Dienne, qui fit une grande dépense pour le long séjour. Enfin nous partismes, et après avoir franchi des chemins et des détroits fort difficiles, nous abordasmes la vicomté de Turenne; et après quelques journées de marche, nous arrivasmes au principal manoir, où nous trouvasmes ledit duc de Bouillon, qui reçut et traita parfaitement bien madame la Princesse et tout ce qui la suivoit. On séjourna à Turenne quelques jours, pendant lesquels le duc prépara son équipage, leva de l'argent dans sa terre, qui est fort riche

et de grande étendue, qui ne paye qu'à son seigneur et
point au Roi, fit des troupes de cavalerie et d'infanterie, tant de ses sujets que de ses amis, et nous marchasmes à bannières déployées droit à Bordeaux. Le
bastard de la Valette[1], fils du vieux duc d'Épernon,
vint au devant de nous ; il fut combattu et battu, et
perdit une partie de son bagage. J'oubliois à dire que
le premier exploit que nous avions fait, fut d'enlever
la compagnie des gens d'armes du prince Thomas, qui
estoit en garnison à Brives-la-Gaillarde[2] ; elle fut investie
et se rendit sans combat, et les chevaux, qui estoient
bons et en grand nombre, servirent à monter une
partie de notre cavalerie, fraiche émoulue et qui ne
dura guères. Depuis la rencontre du chevalier de la
Valette, nous n'en eusmes plus d'autres jusques à Bordeaux. Il est bon de remarquer que le duc de la Rochefoucauld estoit venu joindre la Princesse à Turenne,
avec cent cinquante gentilshommes Poitevins, ou soi-
disant, qui nous accompagnèrent jusqu'à Bordeaux,
et puis se retirèrent chacun chez eux, excepté un très
petit nombre qui demeura avec nous et se trouva
au siége, comme il sera dit, mais n'y fit rien qui
vaille, parce que personne ne vouloit obéir à son
compagnon, et aux moindres occasions ils faisoient
beaucoup de bruit, mais fort peu d'effet. J'ai souvent

---

[1] Jean Louis, dit *le chevalier de La Vallette*, fils naturel du duc
d'Épernon, lieutenant général des armées du Roi, mourut en 1650,
d'une blessure reçue en défendant l'île Saint-Georges, dans la Garonne, à quatre lieues au-dessus de Bordeaux. (*Père Anselme*, III, 861.)
[2] Voyez les *Mémoires de La Rochefoucauld*, collect. Petitot, LII,
31, 2e série.

raisonné sur ce que c'est de gens disciplinés au prix de
ceux qui ne le sont pas. Toute cette noblesse estoit composée d'hommes fort braves en particulier; cependant
en gros ils n'estoient bons à rien, et faisoient même
assez méchante contenance.

Il se présenta de grandes difficultés à Bordeaux;
la ville et le parlement furent bien d'accord de recevoir madame la Princesse et le duc d'Anguien,
qui avoit sept ou huit ans, et qui avoit fait le
voyage, déguisé en fille; mais ils ne vouloient point
entendre parler de recevoir les ducs, ni leurs troupes,
car c'estoit déclarer la guerre au Roi. Enfin la populace fut la maistresse et obligea le parlement et la ville
d'ouvrir les portes à tout. Nous fusmes assez de temps
en cet état tranquille, avant que le duc d'Épernon qui
estoit brouillé avec ceux de Bordeaux fut arrivé avec
son armée; nous occupasmes quelques isles et quelques
postes aux environs de la ville, et nous barricadasmes
le fauxbourg de Saint-Surin.

Mais comme ces occupations n'estoient pas grandes,
l'oisiveté et la fantaisie engendrèrent les intrigues et
l'amour. La Princesse estoit coquette; madame de
Gouville[1] l'estoit beaucoup plus; les filles d'honneur
n'en avoient que le nom, pour la pluspart; chacun prit
son parti. Le mien fut une jeune anglaise, nommée
Gerbier, jolie au possible, et qui avoit assez d'esprit

---

[1] Lucie de Cottentin de Tourville, femme de Michel d'Argouges,
marquis de Gouville; elle passoit pour très galante; le malin Bussy
Rabutin l'a mise au nombre de ses maîtresses; on pourrait même
penser que c'est d'elle qu'il parle à sa cousine dans la lettre à madame
de Sévigné, du 3 juillet 1655.

pour le prester à quatre, et en avoir beaucoup de
reste. Le marquis de Cessac, dont j'ai dit un mot,
s'attacha à madame la Princesse, ou plustost la Princesse à lui ; car il faut que ces dames-là fassent plus de
la moitié du chemin, si elles veulent avoir des galans,
que le respect autrement feroit taire. Comme elle
n'estoit pas fournie d'un grand esprit, ce défaut et la
passion lui firent faire tant de minauderies indiscrettes
que tout le monde connut aisément ses affaires. Cessac
estoit honneste homme et de mes amis, il estoit de plus
capitaine du régiment de cavalerie d'Anguien dont
j'estois mestre de camp-lieutenant ; il estoit jeune de
vingt à vingt-deux ans, fort aimable en son esprit et
en sa personne. Je connus qu'il s'alloit perdre avec
M. le Prince, qui estoit aussi bien averti dans sa prison
que s'il eût esté libre ; et je ne pûs pourtant m'empescher de donner avis à Cessac avec d'assez bonnes
raisons, qu'il ne falloit pas nous considérer comme nous
estions dans le temps que je lui parlois, mais comme
nous serions quand il faudroit rendre compte de nos
actions à un prince qui ne seroit pas toujours en
prison ; mais que, quand mesme il y auroit dû passer
toute sa vie, cela seroit honteux à Cessac de deshonorer
un prince malheureux, sous prétexte de le servir. Il
reçut parfaitement bien mon avis dans ce moment-là ;
il m'en remercia, il me promit d'en profiter, et de
régler à l'avenir sa conduite, en sorte que j'en serois
satisfait et le public aussi, mais quoique je l'eusse engagé au secret, il ne put s'empescher de le découvrir à
madame de Gouville, grande, jeune et belle, qui vou-

loit que tout le monde fut à elle, et je n'y pouvois estre,
parce que Gerbier lui estoit opposée, et balançoit avec
elle le nombre des amans, quoiqu'à la vérité Gouville
fut plus belle qu'elle, mais l'esprit est un grand maistre
en amour. Le malheureux Cessac présenta à la Gouville
une occasion de se venger de moi, avec qui souvent
elle avoit des prises et de méchantes railleries, où elle
ne manquoit pas de réponses.

Elle dit donc à ce malheureux que je le traitois en
petit-garçon et en écolier; que mes discours et les
conseils que je lui avois donnés ne venoient pas
d'amitié que j'eusse pour lui, mais plus tost d'une
jalousie de ce qu'il estoit mieux avec madame la Princesse que moi, et que je lui voulois finement faire
quitter la place par les appréhensions que je cherchois
à lui donner de M. le Prince, lesquelles je ne prenois
pas pour moi-même, puisqu'elle sçavoit fort bien que
j'estois amoureux de la Princesse, et que dans le voyage
que nous venions de faire, de Mont-Rond à Bordeaux,
elle l'avoit fort bien connu. Un jeune homme, sans
expérience et fort amoureux, est fort aise d'estre flatté
dans sa passion; la Gouville avoit de l'esprit, elle me
haïssoit, il ne lui fut pas difficile de persuader à Cessac
ce qu'elle voulut contre moi; elle l'aigrit; il commença, par une froideur et par une affectation, à me
fuir; moi pareillement, je devins froid aussi, à son imi-
tation, et ne me souciois guère de lui parler. De la froideur on en vint à quelques discours; on me rapporta
qu'il disoit que je voulois faire le pédant, je dis qu'il
ne valoit pas la peine que je voulusse estre le sien,

mais qu'en effet il auroit eu besoin d'un gouverneur, parce qu'il ne savoit pas vivre. Tout cela irrita les esprits de part et d'autre; enfin on en vint à une rupture manifeste. Un jour, en dînant avec cinq ou six de ses amis, il y en eust un, nommé le chevalier de Rivière, homme d'esprit et de mérite, qui lui fit une forte leçon sur sa conduite, lui conta quelques sujets particuliers qu'il avoit de se plaindre de lui, et lui reprocha qu'il se conduisoit mal avec tous ses amis; qu'il avoit rompu mal à propos avec le comte de Meille, et encore plus mal à propos avec moi, et conclut enfin, s'il ne changeoit pas de manière de vivre, que lui-même, Rivière, qui parloit, ne pouvoit plus estre de ses amis. Ce discours fit faire des réflexions à Cessac, qui tombèrent malheureusement sur lui dans la suite. Dans ce mouvement de colère qu'il avoit contre beaucoup de gens, je fus le *blanc* sur lequel il visa, pour décharger sur moi et y faire tomber les effets de sa vengeance. Il me trouva dans la cour de la maison de la Princesse, m'aborda fièrement, et me dit que tout le monde lui avoit dit que je le voulois faire passer pour un homme sans honneur. Je lui répondis que ceux qui avoient dit cela avoient menti, et que je n'estois pas d'humeur à vouloir oster l'honneur à personne, mais qu'il estoit vray que je n'avois pas trop sujet de me louer de lui, pour avoir pris de travers un avis que je lui avois donné de bonne foi et en ami, et comme je lui parlois assez long-temps, il me semble qu'il en devint plus audacieux, et me dit qu'il falloit que je guérisse les esprits. Je lui répondis que je n'estois médecin ni des esprits, ni des corps, et que, s'il avoit quelque chose à me dire, il pouvoit parler librement. Il me dit donc que, puisque cela estoit, il seroit bien aise de me voir l'épée à la main. « Monsieur, lui dis-je, puisque vous avez cette volonté-là, « il y a encore assez de jour pour vous en faire passer « l'envie. » Il estoit environ cinq heures du soir, dans les plus grands jours d'esté ; il me dit qu'il y avoit déjà quelque temps que nous parlions ensemble, et que quelqu'un pourroit s'apercevoir de quelque chose. Pour esviter cela, nous prismes brusquement un rendez-vous sur les Chartrons, à un couvent de Carmes qui est dans ce faubourg. Il y a extrêmement loin du lieu où nous estions à ce quartier-là. Il y alla par un chemin, il avoit un cheval, et je n'en voulus point envoyer chercher. J'y fus à pied et m'y trouvai pourtant devant lui ; c'est que je n'avois pas la goutte en ce temps-là. Je fus quelque temps à me promener dans le jardin du couvent, où il arriva. « Monsieur, lui dis-je, nous en « sommes venus à un estat qu'il faut de nécessité que « nous nous battions ensemble, et quand il arriveroit « que nous viendrions pour cette fois à estre empeschés, « ce que je ne crois pas, je vous déclare qu'il n'y a pas « de puissance au monde qui me puisse empescher de « tirer l'épée contre vous. Ceci posé, je vous ferai une « prière, c'est de me vouloir dire quel sujet vous avez « eu de me quereller et qui vous y a obligé ? » Il me dit que c'estoit une nécessité inévitable, qu'il y avoit deux hommes contre qui il estoit animé, et qu'il m'avoit choisi comme y ayant plus d'honneur à gagner, et

qu'après il vuideroit l'affaire avec Meille. Je lui dis là-
dessus qu'il avoit pris un fort meschant parti pour lui ;
qu'il vengeoit la querelle et servoit aux passions de
madame de Gouville, mais que Meille estoit fort en
sûreté de lui, car je le tuerois infailliblement. Nous
nous eschauffasmes sur cela, et fusmes prêts à nous
retirer chacun un pas pour mettre l'épée à la main ;
mais apparemment nous eusmes tous deux en mesme
temps la pensée de respecter le lieu où nous estions,
nous ne nous parlâmes plus, et il prit le parti d'aller
voir si un frère *coupe-choux* [1] ne viendroit pas nous
apporter la clef de la porte de derrière de leur jardin,
qui donnoit dans la campagne ; il vint à la fin, nous
ouvrit la porte, et, après l'avoir ouverte, je lui deman-
dai où il avoit tant tardé ; il me dit : « Monsieur, c'est
« que nos Pères, à qui j'ai esté demander permission
« d'ouvrir cette porte, qui ne s'ouvre pas souvent,
« avoient quelque doute que vous n'eussiez querelle. »
(Voyez ce que c'est que le pressentiment, ils connois-
soient Cessac qui estoit du pays.) Cessac lui répondit :
« Point du tout, mon père, c'est que M. de Coligny,
« que voilà, qui est maréchal de camp, veut aller visi-
« ter un poste, et moi je m'en vais avec lui, comme
« capitaine dans son régiment, pour apprendre mon
« mestier. » A trente ou quarante pas de là, nous mismes nos pourpoints bas. Je lui portai d'abord un coup
d'épée dont ma lame fut toute faussée et courbée, parce
que j'avois trouvé l'os de son bras ; je la voulus redresser
sur mon ventre ; au mesme temps il me porta un coup

[1] Un frère convers.

d'épée que je ne sais ce qu'il devint, car je n'estois point
en estat de le parer; il se trouva presque sur moi, car
nos épées estoient extrêmement courtes; il balança à se
résoudre s'il se jetteroit sur moi; il prit pourtant le
parti de se retirer, mais sur ce temps là je lui donnai
un coup d'épée au travers du corps jusques aux gardes,
dont le sang sortit si abondamment qu'il ne fut presque
plus en estat de défense. Le désespoir toutefois lui ins-
pira deux ou trois fois de se vouloir jetter sur moi,
mais je lui dis : « Cessac, tu en as assez, si tu tentes
« cette folie-là, je t'en donnerai encore; » il me cria
deux ou trois fois : « Achèves-moi. » Je lui dis que je
n'en voulois rien faire, et que j'estois fasché qu'il se fut
jeté dans cette extrémité avec moi. Dans ce moment-là,
il s'affoiblit tout d'un coup, et me dit : « Ha, Coligny,
« soutenez-moi, je n'en puis plus. » Je lui dis que je
le ferois volontiers, pourvu qu'il jettast son épée; car
la rage et le désespoir de la mort fait bien souvent que
le vainqueur est tué par le vaincu. Il jetta son épée, et
moi j'allai à lui pour le secourir : je l'embrassai, et me
mis à pleurer aussi fort que j'aye jamais fait. Il me dit
deux ou trois fois : « Ha! Coligny, ha! Coligny, » il ne
dit que cela, mais cela vouloit dire bien des choses. Je
le menai deux ou trois pas pour lui ramasser son pourpoint, mais il fallut l'asseoir sur l'herbe; je lui mis
auprès de lui son pourpoint et son épée. Il me pria de
lui aller chercher un confesseur dans le couvent qui
n'estoit pas très loin, ce que je fis très diligemment, et
je retrouvai le mesme frère que nous avions prié de
laisser la porte ouverte; « Allez, mon père, envoyez en

« diligence un confesseur à M. de Cessac, qui est blessé. »
Il se mit à me vouloir faire de grandes lamentations :
« Ha ! je m'en doutois bien ! — Allez, mon père, il n'y
« a pas un moment de temps à perdre. » Toute cette
diligence n'estoit pourtant nécessaire que pour satisfaire le patient, car il vescut trois jours, m'envoya
demander pardon ; il me le donna, demanda à me voir,
avoua qu'il m'avoit querellé mal à propos, fit une mort
bien plus belle et bien plus agréable à Dieu que n'avoit
esté peut-estre sa vie, car le pauvre garçon estoit un peu
impie, et débauché au dernier point ; mais l'âge auroit
corrigé cela. Tant y a que je fus dans une mortelle afflic-
tion de ce malheur, et j'aurai toute ma vie regret à la
perte de ce brave cavalier, qui auroit eu, après la mort
de son père, soixante mille livres de rente, et qui estoit
parfaitement bien fait de sa personne. Dieu veuille que je
meure aussi repentant de mes fautes que lui des siennes !
    Pendant ce temps-là, M. d'Espernon, qui s'estoit
fortifié de troupes, vint attaquer les nostres, qui estoient
campées dans un marais proche Blancafort (un château
qui est à M. de Duras), commandées par du Chambon, maréchal de camp, qui, se trouvant le plus foible
et sans canon, fut obligé de se retirer vers Bordeaux.
Par hasard, ce mesme matin-là, M. de Bouillon, qui
n'avoit aucune nouvelle des ennemis (car nous ne son-
gions guère bien à nos affaires), m'avoit ordonné
d'aller fortifier ce château de Blancafort. Je trouvai
Chambon qui faisoit sa retraite un peu en désordre ; je
restablis, sans vanité, un peu l'affaire ; je fis couler des
mousquetaires sur une chaussée, que j'avois reconnue

en passant, qui arrestèrent M. d'Espernon sur cul, en cet endroit-là. Chambon ne connoissoit point ce poste ; s'il l'eût vu auparavant, il auroit aussi bien fait cela que moi, car il estoit bon officier. Tant y a que je donnai temps à ceux de Bordeaux de nous envoyer du secours, et les ennemis ne passèrent pas plus avant. MM. de Bouillon et de La Rochefoucauld y vinrent. Ce dernier duc faisoit une pitoyable figure au fait de la guerre à Bordeaux, quoiqu'il ait écrit dans ses Mémoires qu'il y avoit fait des merveilles, et qu'il ait cité les lieux où il n'estoit pas, comme aux barricades de Cauderanty [1] ; je crois assurément qu'il a esté plus propre au lit et à la plume qu'à la guerre ; ce n'est pas qu'il n'ait du cœur, mais c'est extrêmement vilain de se vanter de ce qu'on n'a pas fait. C'est le génie le plus bouché pour la guerre qui ait esté en France depuis il y a cent ans. Cependant, de l'autre costé de la Garonne, le Roi arriva à Libourne avec toute la Cour et une armée ; le parlement et la ville de Bordeaux se trouvèrent engagés à une guerre où ils n'avoient point de part ; ils virent bien d'abord qu'on les alloit assiéger et les ruiner ; le parlement se rassembla pour résoudre ce qu'ils avoient à faire pour se tirer d'embarras. Un matin que toutes les voix alloient à faire sortir madame la princesse, ses troupes et toute sa séquelle de Bordeaux, un homme fort échauffé demanda à parler à messieurs, qui opinoient à huis clos ; le greffier le repoussa ; le Gascon s'opiniâtre à frapper à la porte de la grand'chambre ; le bruit obligea le parlement à

---

[1] *Mémoires de La Rochefoucauld*, déjà cités, LII, 41.

demander à l'huissier ce que c'étoit ; l'huissier leur dit
que c'estoit un opiniastre, qui vouloit à toutes forces
entrer pour dire quelque chose d'important ; on ordonna qu'il entrât ; il dit d'une voix haute et d'un air
gascon : « Messieurs, je vous viens avertir que le chasteau
« de Vaire est pris, et que M. Richon, qui en estoit
« gouverneur, a été pendu aujourd'hui dans la place de
« Libourne, à la vue de toute la cour, qui a assisté à ce
« spectacle. » On croyoit au commencement que ce fut
un fou, dont il y a grand nombre en ce pays-là. On le fit
approcher, on le questionna, on le tourna de tous
costés, et on trouva que la chose n'estoit que trop
vraie. L'armée du Roi, commandée par le maréchal
de la Meilleraye, avoit assiégé le chasteau, et y ayant
fait une grande bréche, tandis que Richon capituloit,
les soldats entrèrent dans le chasteau. L'heure des par-
lements est dangereuse ; Montaigne le dit [1] et moi aussi.
Le gouverneur fut pris, mené à Libourne et pendu pour
exemple et terreur aux rebelles ; mais cette cruauté
ne fit bon effet ni de part et ni d'autre ; car les officiers
de l'armée du Roy firent une espèce de soulèvement,
et déclarèrent qu'ils ne vouloient point servir pour
s'exposer à estre pendus ; que nostre parti, quoiqu'il
fût le plus foible, ne laisseroit pas de prendre des
officiers et d'user de représailles, et que, si on ne
prenoit un autre parti que de la corde, ils quitteroient
le service. En effet on ne pendit plus d'un costé ni
d'autre, après cette affaire dont je parle ; mais ceux de

[1] *Essais*, livre Ier, chap. 6.

Bordeaux rendirent le change, dès le même jour, comme je dirai bientost.

Il n'est pas possible de s'imaginer l'effet que cette nouvelle produisit dans le parlement et dans la ville. J'ai dit que le parlement opinoit, et que toutes les voix, ou du moins le plus grand nombre, alloient à prier madame la Princesse de sortir de Bordeaux, et la faire sortir effectivement; mais dès qu'ils eurent entendu la nouvelle de la mort de Richon, ils dirent et crièrent tout d'une voix qu'il n'estoit plus question d'opiner, mais de quitter le bonnet et la robe pour prendre les armes; et dès l'après-dîner, on vit tous les présidents et les conseillers, vestus de gris, avec des épées, et ils ne s'assemblèrent plus en parlement.

Il y avoit un gentilhomme, nommé Canolles, capitaine au régiment de Navailles, qui avoit esté fait prisonnier, et estoit dans le chasteau du Ha. Il m'avoit fait prier quelques jours auparavant d'obtenir de M. de Bouillon permission d'aller pour sept ou huit jours chez lui, sur sa parole, ce que j'avois obtenu; mais le malheureux ne s'en estant pas servi, pour quelque raison que je ne sais pas, le peuple s'émeut de sorte, sur le bruit de la mort de Richon, qui estoit de la ville et fort bien apparenté, qu'il fallut leur livrer Canolles, qu'ils pendirent le propre jour que Richon avoit esté pendu; et je peux dire que la mort de Richon fut cause que le Roi entra dans la ville quinze jours plus tard qu'il n'eût fait, et elle irrita des deux côtés les esprits au dernier point, comme j'ai dit. Ce qui est encore de remarquable dans ce rencontre, c'est que

Richon et Canolles s'estoient battus deux fois l'un contre l'autre, estoient devenus bons amis, et furent pendus tous deux dans un mesme jour, et l'un pour l'autre. O détestable guerre civile ! je donne ma malédiction à mes enfans, s'ils prennent jamais d'autre party que celui du Roy.

Le siége de Bordeaux se forma ensuite tout-à-fait par la Meilleraye. Un jour, qui estoit le mien de maréchal de camp, le régiment des gardes vint attaquer la barricade du chemin qui va à Cauderans dans le fauxbourg de Saint-Surin. Je la deffendois fort bien, et, tandis que j'y estois fort occupé, un nommé Favas, capitaine au régiment de Persan, me tirant, me montra que des Suisses, qui estoient entrés par un autre côté, venoient droit à moi par derrière. Je me résolus d'abord à mourir (car je ne voulois pas être pendu); je pris la pique d'un soldat qui venoit d'estre tué; je m'en allai droit à l'officier qui estoit à la teste des Suisses; il vint à moy, nous nous portasmes chascun un coup de pique, il ne me blessa point, je le tuay et passay sur le ventre des Suisses, à la mercy de mille mousquetades. Un brave officier, nommé la Bussière, qui estoit auprès de moy, fut jeté dans le chemin creux d'un coup de hallebarde d'un Suisse qui ne put percer son buffle, le Suisse estoit à ma droite et la Bussière à ma gauche, je ne sçay comment diable cela se fit. Il y eût, durant le siége, quantité de belles actions, mais à la fin la bourgeoisie se lassa, le Roy forma des intrigues et on se rendit. On obligea madame la Princesse et les ducs de Bouillon et de la Rochefoucauld d'aller à Castillon voir la Cour. La Princesse se jeta aux pieds

de la Reyne, en demandant la liberté de son mary; la
Reyne lui dit : « Ma cousine, cela se fera, mais il n'est
« pas encore temps. » Madame la Princesse s'en alla
voir ses terres de Maillé et de Brezé, et chacun se retira
chez soi; mais ceux qui n'en avoient point, comme
moi, furent bien empeschés, car mon père ne me
voulut point voir, et jamais homme ne fut plus embarrassé de sa personne que moi.

En 1651, le cardinal Mazarin fut chassé de France,
et les Princes furent délivrés de la prison du Havre, où
le cardinal lui-même les mit en liberté; mais, ne
s'estant pas accommodés ensemble, il continua son
voyage et les Princes entrèrent triomphans à Paris. Il
y eût plusieurs traités et propositions d'accommodement faits, mais la Reyne, n'ayant jamais voulu entendre à des arrangemens que le cardinal ne rentrât,
et les Princes n'ayant jamais voulu y consentir, on en
vint à la guerre.

Messieurs les princes de Condé et de Conty se retirèrent à Mont-Rond, car le vieux renard de Longueville ne voulut point entrer en guerre; mais la Cour
les ayant suivis de près, il fallut desloger de Mont-Rond
et de Bourges pour se retirer en Guienne. Le Roy entra
dans Bourges et fit former le siége de Mont-Rond par
Palluau; Persan commandoit dans la place.

Dès que M. le Prince eut pris la résolution de se retirer de Paris, il envoya Ricous à Marle, où estoient ses
troupes, pour dire à Tavannes et à moy de nous retirer
avec elles à Stenay, et de nous joindre aux Espagnols;
nous partismes, la nuit mesme, avec environ quinze
cents hommes de pied et quinze cents chevaux, et mar-

chasmes en diligence jusques à Buzancy, où, ayant
campé, et Tavannes voulant aller à Stenay le lendemain, et m'ordonnant d'y demeurer, je lui déclarai
que, s'il vouloit y demeurer, il en estoit le maistre et
que j'y demeurerois avec luy, mais que, s'il en partoit,
j'en partirois aussi deux heures après, parce qu'il estoit
impossible qu'on n'eut pas détaché des troupes de
l'armée du Roy pour nous suivre; ce que je fis, et fort
à propos; car le soir l'armée du Roy arriva à Buzancy,
et nous eût tous taillés en pièces, si j'y fusse demeuré.
Cela nous pensa brouiller le matin, mais Tavannes
avoua le soir que sans moy tout estoit perdu; or, ce
que j'avois fait n'avoit esté fondé que sur ce que les
ennemis devoient faire par raison. Je vins loger à Villefranche, qui est un petit bourg autrefois fortifié et à
présent razé; nous n'avions encore aucunes nouvelles
de la marche des troupes du Roy, mais nos fourrageurs
nous en apportèrent de fort meschantes pour eux; car
l'un revenoit dépouillé, l'autre estropié; on croyoit au
commencement que ce fussent des paysans, qui sont
méchans et hardis en ce quartier-là, mais nous sçûmes
bientost que toute la cavallerie du Roy estoit arrivée
à Busancy, d'où nous estions décampés le même jour
au matin. En partant de ce lieu-là nous avions envoyé
advis au comte de Grandpré de nous venir joindre, le
croyant de notre party; il nous manda qu'il ne man-
queroit pas de nous joindre le lendemain, ce qu'il fit
aussi, mais ce fut pour nous charger. Ledit comte ne se
peut pas laver d'une action comme celle-là, d'avoir quitté
M. le Prince et changé de party sans l'en avertir, quel-

que sujet de plainte qu'il eût contre luy; effectivement
M. le Prince en avoit fort mal usé avec luy, et ne l'avoit
presque pas regardé au sortir de sa prison, quoyqu'il
l'eut servi et eut perdu pour lui son gouvernement de
Mouzon, mais on ne devoit s'attendre à autre chose du
plus ingrat prince du monde. Ce qui estoit arrivé à nos
fourrageurs et quelques autres avis obscurs de l'arrivée
de cinq ou six mille chevaux à Buzancy, nous obligèrent
de coucher au bivouac, et d'envoyer aux nouvelles un
party de cent chevaux commandé par Boisvilliers, capitaine au régiment d'Anguien. A la pointe du jour il arriva
à nous fort maltraité ayant rencontré les troupes du
Roy, qui s'estoient avancées pendant toute la nuit pour
nous enlever à Villefranche. Le jour estant plus clair,
nous vismes toute l'armée, qui se mettoit en estat de
passer un défilé pour venir à nous; je vis qu'il n'y avoit
point d'autre party à prendre que d'aller s'opposer à
eux dans ce défilé que j'avois reconnu le soir en y passant. Ce n'estoit pas l'avis de Tavannes, mais le mien pré-
valut; nous marchasmes donc à eux; nous trouvasmes
trois escadrons déjà passés que nous chargeasmes, et
leur fismes repasser le défilé en désordre. Cependant
nos bagages eurent le temps de se sauver et de passer la
Meuse que nous avions derrière nous. Ils en eurent
jusques aux aisselles et les petits au col. Nous jugeasmes
ensuite à propos de faire aussi passer la Meuse à notre
infanterie, pour s'aller poster de l'autre costé, afin de
favoriser la retraite de la cavallerie. Les ennemis cher-
choient cependant d'autres passages et en trouvoient
assez. Il fut question de commencer notre retraite;

nous avions la Meuse à passer, chose délicate devant des
ennemis beaucoup et trois fois plus forts. Nous dispo-
sasmes nos seize escadrons en deux lignes, dont l'une
faisoit toujours teste, pendant que l'autre quittoit le
terrain et alloit faire face à cent pas au-delà, et puis la
première ligne marchoit dans les intervalles de l'autre
et s'alloit mettre en bataille derrière elle, à la mesme
distance. Cela fut fort bien exécuté; enfin nous arrivasmes au bord de la Meuse, toujours en soutenant une
très grande et forte escarmouche; nous fismes passer la
rivière à la ligne qui en estoit la plus proche, et qui
s'alla mettre en bataille derrière notre infanterie. Des
huit escadrons qui nous restoient, nous en fismes encore
passer quatre au grand trot, ce fut aux quatre escadrons
qui passèrent les derniers à souffrir une grande charge ;
nous la soutinmes bravement et passasmes encore la rivière, meslez dans l'eau avec les ennemis. Il y eut douze
ou quinze des nostres et autant des leurs tuez dans ladite
rivière. Nous avions garni une tour d'infanterie qui favo-
risa notre affaire ; Pilois fut blessé dans l'eau ; enfin nous
fismes la plus belle retraite qui se soit faite de nos jours,
avec quinze cents chevaux contre six mille. Les troupes
du Roy estoient commandées par Castelnau, Beaujeu,
Manicamp et Quincé, qui ne firent rien qui vaille, car
ils nous devoient battre, ou du moins défaire huit de
nos derniers escadrons. Après quelques conversations
fanfaronnes, d'un des costés de la rivière à l'autre, chacun
se retira. Nous allasmes loger à Mousa, et les troupes
du Roy retournèrent joindre le reste de l'armée, proche
d'Avennes et de Marles, d'où elles estoient parties.

Dans ce temps M. le Prince estoit sorty de Paris pour aller en Berry, et de là en Guienne, dont il avoit été fait gouverneur en sortant de prison, au lieu de la Bourgogne qu'on donna à M. d'Espernon. En partant de Paris il nous envoya ordre de joindre les Espagnols, ce que nous fismes, dont nos troupes eûrent tant de regret, qu'en huit jours nous perdismes plus de huit cents chevaux qui se débandèrent, quoy que nous pussions faire. Nous en fismes mourir plus de vingt contre raison et contre mon advis, car il n'estoit pas juste de faire mourir des sujets du Roy qui avoient esté levés pour son service et à ses dépens. Pour remédier à cette désertion, on nous fit avancer bien avant dans le païs de Liége, et nous marchasmes entre la Sambre et la Meuse, et ensuite, dans le Brabant, à Gemblours, Hougarde, Chastelet, et autres quartiers, où la désertion cessa un peu. Nous passasmes l'hyver dans ces quartiers, et, au commencement de mars 1652, M. le duc de Nemours, estant venu à Bruxelles, en repartit avec une armée, composée de sept ou huit mille hommes, tant de nos troupes que de celles que les Espagnols nous avoient données, sous le commandement du baron de Clinchamp. Nous entrasmes par Fonsomme, marchasmes vers Beauvais, en tirant du costé de Mantes, dont le duc de Sully estoit le gouverneur, et nous avoit offert le passage sur le pont. Estant arrivés à deux journées de Mantes, un escuyer dudit duc vint trouver en diligence M. de Nemours, pour lui demander du secours, parce que les habitans de Mantes se soulevoient et ne vouloient point livrer le passage; je

fus commandé avec huit cents chevaux, et fis tant de
diligence que j'arrivay justement dans le temps que les
habitans commençoient à rompre le pont. Je me mis
en bataille sur les hauteurs, faisant paroistre de loin
beaucoup plus de gens que je n'en avois, ne faisant
que deux rangs de mes escadrons, à qui de plus je fis
occuper un grand terrain, sur une seule ligne; cela
épouvanta les habitans et les réduisit à obéir entièrement au duc de Sully [1]. Dès le mesme jour je fis passer
cinq cents chevaux au milieu de la ville, et me logeay
au fauxbourg, du costé du pont, dont je me rendis
maistre. Le mesme jour que j'arrivay d'un costé, le
comte de Broglie arriva de l'autre, avec mille chevaux,
pour donner secours à la ville, et s'en rendre maistre

---

[1] Le duc de Sully, gendre du chancelier, agissait ainsi par l'in-
fluence de son beau-père. Ce fait fut vivement reproché par Fouquet au chancelier Séguier, quand celui-ci l'engageait à s'expliquer
sur le fameux projet de révolte trouvé à Saint-Mandé. « M. Fouquet,
« piqué de ce discours, lui répliqua qu'il étoit vrai qu'il avoit servi
« toujours l'État, et que d'avoir eu une pensée extravagante, qui n'étoit
« pas sortie de son cabinet, n'étoit pas desservir l'État; mais de se
« trouver à la tête du conseil des ennemis du Roi, et de faire délivrer
« des passages par son gendre, et ouvrir des portes à une armée étran-
« gère, pour la faire passer au milieu du royaume, c'étoit cela qui étoit
« desservir l'État et le troubler. Il dit cela avec plus de chaleur que le
« reste de son discours. M. le chancelier se sentit bien de ce reproche,
« qui s'adressoit personnellement à lui, mais il ne répliqua rien, et
« M. Fouquet, continuant son discours, rapporta les services qu'il
« avoit rendus à M. le cardinal Mazarin, etc. » (*Mémoires manuscrits
de M. d'Ormesson, rapporteur du procès de Fouquet, bibliothèque de
l'éditeur.* Voyez aussi la lettre de madame de Sévigné à Pomponne,
du 9 décembre 1664, tom. Ier, pag. 91, de l'édition Monmerqué de
1818, in-8°.)

pour le Roy, comme les habitans avoient desiré; mais estant arrivé trop tard, et la place nous estant demeurée, il fut contraint de s'en retourner, et passa et repassa dans le quartier des cent chevaux, sans s'apercevoir qu'ils y fussent. Leur négligence les sauva, ce qui a accoustumé de perdre les autres, car s'ils eussent eu une garde ils estoient perdus. Après nous estre reposés, l'armée de M. le duc d'Orléans et celle de M. le prince se joignirent à Jargeau. Mademoiselle, qui estoit à Orléans, pour faire déclarer cette ville contre le Roy, ce qu'elle ne voulut pas faire ', manda ces deux ducs et les autres officiers pour tenir un conseil. M. de Beaufort voulant que les armées retournassent du costé de Paris pour favoriser le duc d'Orléans qui y estoit, et le duc de Nemours s'opiniastrant à soutenir qu'il falloit passer la Loire pour secourir Mont-Rond et marcher en Guyenne, s'il estoit besoin, ils s'échauffèrent tellement, chacun à soutenir leur opinion, qu'ils se gouvernèrent mal devant Mademoiselle, et quoyqu'elle les eût accommodez sur le champ, ils restèrent tellement ennemis que cela cousta depuis la vie à M. de Nemours, qui fut tué en duel par M. de Beaufort, à Paris; mais cette mésintelligence porta grand préjudice aux affaires de M. le Prince, car on n'agissoit plus de concert, et ils estoient toujours d'avis contraires, de quoy M. le prince ayant eu avis, il résolut de partir de Guyenne, luy septième, et de se venir mettre à la teste de l'ar-

---

' La ville d'Orléans, sans blesser ouvertement l'autorité royale, garda une sorte de neutralité. (*Mémoires de Montglat*, collection Petitot, 2ᵉ série, L, 326.)

mée pour remettre les affaires; joint qu'il estoit amoureux de madame de Chastillon, ce qui luy fit faire, dans
la suite, beaucoup de fautes contre la guerre et contre
ses propres intérêts. Il arriva inopinément, comme
l'armée marchoit et alloit camper à Lorris, où s'estant
informé de l'estat de toutes choses, il advisa qu'on
avoit perdu, par le discord, beaucoup d'occasions irré-
parables; néanmoins, voulant essayer de rétablir les
affaires, il commença par prendre Montargis dont il
fit l'attaque, et dans ce temps l'armée du Roy, commandée par M. de Turenne et Hocquincourt, s'approcha
de luy et se logea sur le canal de Briare; M. le Prince
enleva la nuit l'armée du maréchal d'Hocquincourt
qu'il défit presque toute, où M. de Nemours, faisant
des miracles de sa personne, fut fort blessé et porté à
Chastillon. L'armée de Turenne n'eut point d'eschec,
et M. le Prince, marchant à elle pour la deffaire, trouva
M. de Turenne en bataille sur des hauteurs, ayant
devant soy un défilé que M. le Prince ne put jamais
passer, quoyqu'il eut tenté de le faire, et, ayant commencé de s'y engager, M. de Turenne débanda quinze
escadrons qui l'obligèrent à le repasser bien viste.
M. de Turenne nous tua cinq ou six cents hommes de
son canon, et rendit là un grand service à la France;
car s'il eût esté battu, la Cour, qui estoit à Jargeau [1],
ne sçavoit que devenir et estoit à la mercy de M. le
Prince; tous les bagages estoient chargés et les carosses

---

[1] La Cour n'était pas alors à Jargeau, mais à Gien. L'effroi fut très
grand; Anne d'Autriche montra beaucoup de calme. (*Mémoires de
Montglat*, collection Petitot, L, 335.)

prêts pour se retirer je ne sçays où, car Orléans luy
eût fermé les portes, si M. de Turenne eut esté battu
comme l'avoit esté Hocquincourt. Notre armée revint
camper à Montargis, où M. le Prince la laissa pour
aller à Paris voir madame de Chastillon, plustost que
pour autre chose, et il ruina ses affaires; car, ayant
ensuite fait marcher son armée à Estampes, M. de
Turenne la vint charger et la battit, un jour qu'elle
avoit fait revue devant Mademoiselle. Afin de ne pas
faire l'historien, j'en laisse le détail à ceux de ce mes-
tier-là, pour ne parler que de ce qui me regarde.
Quelque temps après il m'avoit envoyé ordre d'aller en
Bourbonnois, pour secourir Mont-Rond, sans me donner des troupes que trop tard, et lorsque cette place
n'estoit plus en estat d'estre secourue. Nous marchasmes
cependant avec mille chevaux, le marquis de Levy,
Briord et moy, mais la composition estoit déjà faite;
nous ne laissasmes pas d'aller donner dans les batteries
du camp de Palluau, depuis maréchal de Clerambault,
mais, comme nous n'avions point d'infanterie, nous ne
pusmes faire aucun effet; il ne tint qu'à Palluau de
nous tailler en pièces, mais il se contenta de demeurer
dans son camp, disant qu'il vouloit prendre la place.
Nous n'avions aucun lieu de retraite; Briord ramena
les troupes à Paris, et luy et moy chacun chez nous,
où Palluau m'estoit venu visiter quelques jours auparavant; mais il en usa en vray galand homme et amy,
car il entra dans Saligny où il ne fit aucun désordre; il
y dina et m'escrivit un billet, disant que je sçavois bien
qu'il estoit de mes amis, qu'il me prioit de me retirer

de la province, puisque je n'estois pas en estat de luy résister, n'ayant aucunes troupes, M. le Prince m'ayant sacrifié sans me rien tenir de tout ce qu'il m'avoit promis. Je ne laissay pas de demeurer, Palluau revint une seconde fois, et je fus obligé une seconde fois de me retirer dans les bois ; il ne fit encore nul désordre, et, ce qui est de plaisant, c'est qu'il logea dans les villages de mes voisins, sans vouloir toucher aux miens, dont ils crioient comme des enragés, et ils avoient raison. Il revint cette deuxième fois pour favoriser des bateaux qui portoient des poudres, qu'il faisoit descendre de Rouanne sur la rivière de Loire, et qui passoient au pied de la Motte-Saint-Jean.

Après la prise de Mont-Rond, je demeuray chez moy attendant les ordres de M. le Prince ; mais j'eus avis qu'il s'estoit si mal conduit à Paris, qu'ayant fait beaucoup de fautes, et particulièrement celle d'avoir fait mettre le feu à la maison de ville[1], il avoit esté obligé d'en sortir, parce que tout Paris s'estoit souslevé contre luy. Il marcha avec son armée du costé de Champagne, prit Sainte-Menehoult, Rethel et Chasteau-Portien, se retira en Lorraine et attaqua le chasteau de

---

[1] Il est trop constant que les Princes, ne trouvant pas les députés de Paris assez dévoués à leurs intérêts, dans l'assemblée du 4 juillet 1652, se retirèrent de l'hôtel-de-ville en disant au peuple : « Ce sont des « Mazarins, faites-en ce que vous voudrez, » et que, par ces atroces paroles, ils livrèrent les magistrats et les bourgeois qui s'étaient réunis, à leur demande, aux violences de la populace et d'une soldatesque mutinée. (Voyez le récit de ces tristes événements dans les Mémoires de Conrart publiés par nous dans la collect. Petitot, 2ᵉ série, XLVIII, p. 116 et suivantes.)

Voy, où je le trouvay, et lui menay des poudres que je lui amenay de Neufchasteau; sans cela il n'eut pas pris Voy. La chose seroit trop longue à raconter; tant il y a, qu'estant arrivé à Commercy, je trouvay toutes les troupes tellement animées contre lui, que tous les officiers le vouloient quitter. Il estoit fasché du mauvais estat et succès de ses affaires, il ne sçavoit à qui s'en prendre, il maltraitoit les officiers, il les injurioit, il en disoit pis que pendre, disant que les bras leur estoient tombés. Je fus employé par luy pour essayer de raccommoder tout cela, j'en vins à bout heureusement, mais il estoit si insupportable, que huit jours après, estant auprès de la Chapelle, je faillis à le quitter moy-mesme, parce qu'il se prenoit à moy de ce qu'un colonel irlandois n'estoit pas bien logé; nous eusmes de grosses parolles, je luy dis que je n'estois pas maréchal des logis. L'armée marcha toujours; on arriva aux environs de Mariembourg [1]; il alla à Philippeville pour establir, sur le Liége [2], des quartiers d'hyver à une partie de ses troupes, et me laissa avec une poignée de gens pour prendre Couvin, ville du pays de Liége [3], où il y avoit plus de quinze cents hommes ramassés, portant armes; néanmoins je fis tant par ruses, faisant toute la nuit battre des tambours à la valonne, fran-

---

[1] Mariembourg, petite ville du département des Ardennes, à quatre lieues de Rocroi.

[2] Petite rivière qui se jette dans la Meuse, à Liége, et lui donne son nom.

[3] Couvin, petite ville à trois lieues de Rocroi, fait aujourd'hui partie du département des Ardennes.

çoise, allemande, italienne, espagnolle, lorraine et
autres, que le lendemain matin, avant que d'avoir
connu ma foiblesse, ils se rendirent; je les fis désarmer
promptement et mettre toutes leurs armes dans une
église, et quand ils eurent reconnu notre petit nombre,
car je n'avois qu'un bataillon et deux escadrons, ils pen-
sèrent enrager. J'y mis en garnison le colonel Miche.
Il y avoit dedans pour cent mille écus de biens dont je ne
voulus pas profiter d'un denier. M. le Prince fut ravi;
j'ay pourtant eu motif de croire qu'il m'avoit laissé là
pour y recevoir un affront, car il m'avoit encore exposé
en Bourbonnois, et le tout parce qu'il croyoit que
j'avois été amoureux de madame la Princesse, et l'a
toujours cru, et ne m'a jamais aimé, ni moy luy; mais je
n'ay pas laissé de faire mon devoir, et de luy être fidelle,
pour ma satisfaction particulière et pour l'intérest de
mon honneur.

1653. — Un mois après, comme j'eus estably des
garnisons dans tous les lieux qui en pouvoient porter,
car le prince s'estoit retiré à Namur, et je commandois
tous les quartiers d'entre Sambre et Meuse, et m'estois mis dans l'abbaye de Florinnes, le colonel Miche,
qui estoit Liégeois, estant allé chez lui et ayant laissé
dans son quartier de Couvin son major, que la goutte
prit, le chevalier de Montégut, gouverneur de Rocroy,
à l'aide des habitans, qui avoient donné leur parole,
et qui ne sont que des traitres et vrais Liégeois, surprit Couvin et enleva le major et tout ce qui estoit
dedans. J'y perdis cinq beaux chevaux de service et
beaucoup d'autres équipages que j'avois distribués

en plusieurs endroits. M. le Prince m'escrivit de l'aller trouver, ce qu'ayant fait, il me dit qu'il falloit de nécessité que je reprisse Couvin; je luy dis que je ferois ce que je pourrois; il me promit pour cela douze cents hommes et cinq cents chevaux qu'il obtint à grande peine des Espagnols, qui n'en donnèrent pas la moitié, encore fort secrètement, parceque l'électeur de Cologne, qui est aussi évêque et prince de Liége, leur avoit déclaré hautement que s'ils favorisoient M. le Prince à prendre des quartiers d'hyver dans le Liége, il ne donneroit point sa voix au fils de l'empereur, pour estre éleu roy des Romains, pour lequel effect on tenoit la diette à Ratisbonne; de sorte que les Espagnols, qui appréhendoient cela, et qui, d'autre part, n'osoient désobliger M. le Prince, de peur qu'il s'accommodast avec la France, luy promirent tout ce qu'il voulut, à la charge de n'en rien faire. Ils ne voulurent former que des détachemens : trente hommes de Namur, vingt de Charlemont, et ainsy du reste, et tout cela ne composa pas trois cents hommes et trois cents chevaux, au lieu de douze cents hommes et cinq cents chevaux qu'ils avoient promis. Cependant me voilà engagé devant Couvin, par l'ordre exprès de M. le Prince, et, comme je battois la place espérant toujours qu'il me viendroit du monde, Beaujeu, qui étoit venu à Rocroy avec trois mille hommes pour quelque autre dessein, ayant sçu que j'estois là, me tomba inopinément sur les bras. J'avois envoyé Ravenel avec ses trois cents chevaux à l'entrée des bois et du chemin qui conduit à Rocroy; dès qu'il vit paroistre

les ennemis, sans me donner aucun advis, il s'enfuit
d'un autre costé, de sorte que tout cela me tomba
dessus sans que j'en eusse aucune connoissance. Je
payay de ma personne et de mon infanterie, qui fut
toute taillée en pièces, et moy pris prisonnier et conduit
à Rocroy, de là à Rheims, où je demeuray deux mois,
et ensuite j'eus permission de m'en aller aux eaux de
Bourbonne et de là chez moy, où je demeuray dix-neuf
mois; à la fin je fus échangé contre le comte de
Grandpré, qui avoit esté fait prisonnier par Duras [1].

J'avois oublié qu'en 1651, estant allé trouver M. le
Prince à Paris, après tant de bons services rendus, il
me fit un assez maigre visage, au lieu de remerciemens;
je fus tenté de l'abandonner, mais dans ce temps mon
père estant venu à mourir en Cour, et la Reine-mère,
qui avoit plus de bonté que je ne méritois envers elle,

[1] Le comte de Brienne mandait à M. Picque, notre résident en
Suède, le 18 avril 1653, la nouvelle de l'avantage remporté par les
troupes du Roi sur celles du Prince de Condé. Voici le passage de sa
lettre qui se rapporte entièrement aux mémoires que nous publions :
« ..... Je ne vous fais celle-ci que pour vous faire part d'une nouvelle
« assez considérable, qui nous fut apportée avant-hier par un courrier
« despesché extraordinairement de la frontière. C'est la défaite de
« quatorze ou quinze cents hommes, tant cavalerie qu'infanterie, des
« troupes de M. le prince de Condé, par M. de Beaujeu, qui, ayant eu
« advis qu'ils estoient entrés dans le pays de Liége, vers Rocroy, pour
« attaquer un petit château dont j'ai oublié le nom (Couvin), et s'étant
« aussitôt avancé vers eux, les a chargés si brusquement, qu'il en a
« taillé en pièces une bonne partie, fait plusieurs prisonniers, mis le
« reste en fuite, et pris deux pièces de canon. Entre les principaux
« prisonniers se trouve M. de Coligny, qui étoit un des commandants,
« avec quelques capitaines de cavalerie. » (*Lettre originale de M. de
Brienne.* — Bibliothèque de l'éditeur.)

m'offrit, si je voulois m'attacher au Roy, de me donner
le guidon des gendarmes pour l'exercice, ce qu'ayant
refusé, on ne laissa pas de me le récompenser et de
m'en donner le brevet, à la charge que j'en traiterois
avec Chalmazel. Le maréchal de Villeroy eût ordre d'en
clorre le marché qu'il taxa à cinquante mille écus;
j'en aurois eu bien davantage d'un autre, mais je
voulus favoriser Chalmazel que le Roy avoit choisy.
Cependant c'est une grâce extraordinaire que la Cour
me voulut bien faire, après tout ce que j'avois fait
contre elle, et la Reyne dit tout haut que j'avois bien
servi le Roy auparavant, que je n'estois pas mal inten-
tionné, et que tout ce que je faisois n'estoit que par un
faux honneur qui me décevoit. M. le duc d'Orléans
m'y servit aussi fort bien, disant à la Reyne, qui au
commencement se faisoit un peu tenir, ces mêmes
paroles : « O, madame, c'est un digne héritier, il ne
« faut pas lui refuser le guidon. » Sur ce que la Reyne
disoit en plein cercle, quand elle sçut, le soir, la mort
de mon père[1] : « Hé bien, dit-elle, si Coligny eût
« continué de servir le Roy et ne se fût pas attaché à
« M. le Prince, il auroit eu le guidon des gendarmes,
« et il ne l'aura pas estant contre le service du Roy,
« comme il est, et, ayant fait tout ce qu'il a fait, il a
« plus donné de peine luy seul que tous les autres; »
et M. le duc d'Orléans, sans en avoir esté prié, luy
répondit les paroles susdites.

---

[1] Gaspard de Coligny-Saligny, père de l'auteur des mémoires, était
capitaine-lieutenant de la compagnie des gendarmes du Roi. Ainsi il
commandait la compagnie, le titre de capitaine n'appartenant qu'au Roi.

Trois ou quatre jours après cinq ou six gendarmes, députez de toute la compagnie, me viennent trouver et me prient de restablir gendarme un nommé Martillière, que feu mon père avoit fait casser, lequel avoit fait grand bruit, et s'estoit deffendu dans toutes les juridictions, mais dans le temps de ce procès mon père estoit venu à mourir. Je leur répondis que Martillière avoit eu de grands emportemens, et avoit manqué de respect à mon père, qui n'avoit rien fait qu'avec justice; que j'avois trop de respect pour sa mémoire pour restablir un homme que mon père avoit fait casser, car ce seroit blasmer ce que mon père avoit fait; mais que toutesfois, s'il estoit assez honneste homme et assez brave pour tirer l'épée avec moy, je verrois après ce que j'aurois à faire pour un homme pour qui j'aurois de l'estime. Ils me firent chacun une grande révérence, sans me répondre un seul mot, et portèrent ma réponse à Martillière, qui, le lendemain, ne manqua pas de me faire appeler par un nommé Poncenat; je luy dis qu'ils m'allassent attendre à la Maison-Rouge, à Chaillot [1]; une demi-heure après je me mis dans mon carrosse avec mon escuyer, nommé La Brosse. Nous les trouvasmes au rendez-vous; il les fit mettre tous deux dans mon carrosse, et nous nous en allasmes nous battre dans le bois de Boulogne. Jusques-là Martillière avoit tenu la meilleure contenance du monde,

---

[1] Maison de plaisance, située sur le bord de la Seine. Il n'en reste plus aucun vestige, ayant été détruite pour construire le quai. Cette belle habitation a été gravée par Perelle, d'après le dessin d'Israël Silvestre.

mais, au dégainer, ce ne fut plus la mesme chose, car il se battit fort mal et ne tint jamais pied, de façon que cela donna loisir à mon second de désarmer le sien, qui ne se battit pas trop bien non plus; nous leur emportasmes leurs épées, en nous mocquant d'eux, et leur disant mille vilainies. Je me remis dans mon carrosse avec La Brosse, et les laissay à pied au milieu du bois de Boulogne, en leur disant qu'ils n'estoient pas dignes de rentrer dans le carrosse d'un homme comme moy; ce qui me les fit encore plus mespriser, c'est que Poncenat, se plaignant de son malheur, je lui dis : « Monsieur, il ne tiendra qu'à vous d'essayer à resta-« blir votre honneur, car, si vous voulez, on vous « rendra vos épées, pour voir si vous les garderez mieux « que vous n'avez fait. » Les vilains saignèrent du nez et refusèrent laschement le party honorable qu'on leur offroit; toutesfois, ayant appris six mois après que Martillière parloit avec grand respect de moy, et sachant d'ailleurs que mon père luy avoit fait quelque injustice, je lui envoyay cinq cents écus qu'il reçut avec de grand remerciemens, comme d'une grâce que je luy faisois très grande [1].

1654. — Je partis donc de chez moy, de La Motte, avec trente chevaux d'équipages, toute ma vaisselle d'argent et tout l'argent que je pus trouver, pour m'en retourner en Flandres, ne croyant pas jamais devoir revenir en France, et abandonnant tout avec plaisir pour M. le prince de Condé, qui m'a depuis fait mille

---

[1] Le comte de Coligny parle de ce duel dans ses *Petits Mémoires ;* le second de Martillière y est appelé le baron de Poncenet.

outrages, jusqu'à me retenir vingt mille écus que les Espagnols m'avoient donnés à la paix, pour se venger de ce que je l'avois quitté pour m'attacher au Roy; mais il en sera parlé plus amplement quand il en sera temps. Je passay par Paris, où M. Le Tellier me fit toutes sortes d'offres, de la part du cardinal Mazarin, si je voulois m'attacher au Roy; mais je n'y voulus jamais entendre, ni luy répondre un seul mot. J'arrivay à Péronne, où je fus quelque temps en attendant que l'heure fût prise pour ajuster l'échange de Grandpré et de moy; ce qui estant fait, j'arrivay vers le mois de décembre à Bruxelles, où je fus fort bien reçu. Mais dans sept ans que j'ay demeuré avec M. le Prince, en ce païs là, nous avons eu souvent des affaires qu'un autre eût dû prendre au poil pour se retirer, mais je ne l'ay jamais voulu faire, quelque sujet que j'en aye eu, que la paix n'ait esté faite, et que je n'aye eu accompagné le Prince en France. Comme on ne faisoit rien l'hiver à Bruxelles, je pris occasion de m'en aller voir la Hollande avec cinq ou six officiers. Je fus resgalé à La Haye par les princes de Tarente, l'amiral Obdam, Brederodes, le chevalier de Rivière, et plusieurs autres gens de qualité, tant, que je ne pus jamais m'empescher d'estre huit jours durant yvre, les uns me reprochant que j'avois bien voulu boire chez les autres, et pourquoy je ne voulois pas boire chez eux.

En 1655, nous fusmes sur la deffensive; M. de Turenne assiégea Landrecy, et nous le laissasmes prendre et manger notre pays.

En 1656, nous reprismes Saint-Ghislain [1]. M. de Turenne et le maréchal de La Ferté assiégèrent Valenciennes. Don Juan, qui commandoit dans les Pays-Bas,
et qui est un homme vigoureux, s'estant joint avec
l'armée de M. le Prince, nous approchasmes des lignes,
nous campasmes à Lacaye de Fontaine, et nous
mismes du canon sur une hauteur qui battoit le camp
des ennemis, au quartier des Lorrains; nous demeurasmes un mois campés en présence et à la portée du
canon des ennemis; au bout de ce temps-là on résolut
d'attaquer les lignes des ennemis; nous fismes toutes
les mines d'attaquer le quartier de Turenne; mais, à
l'entrée de la nuit, nous passasmes l'Escaut sur cinq
ponts de bateaux qu'on fit en extrême diligence, et
nous allasmes tomber sur le quartier du maréchal de
La Ferté, qui ne s'y attendoit pas; aussi fut-il fort mal
défendu; son armée fut taillée en pièces et luy prisonnier. Jamais il ne s'est fait une si pitoyable défense,
point de précautions; nous fusmes fort long-temps près
de leur camp, sans entendre autre bruit que celuy d'un
chien qui estoit plus vigilant que les hommes; ils estoient
accoustumés de nous voir un mois durant, sans rien entreprendre, et ils ne nous comptoient plus pour rien.
Turenne se retira au Quesnoy avec son armée, saine et
sauve, mais il oublia son canon, partie de ses bagages,

---

[1] Erreur de l'auteur. Les Espagnols furent obligés de lever le siége
de Saint-Ghislain. (Voyez les *Mémoires de Bussy-Rabutin*, Paris,
1696, in-4°, II, 98, et les *Mémoires de Montglat*, 2° série de la collection Petitot, LI, 10.) Cette petite ville, sous l'Empire, faisait partie
du département de Jemmapes.

et, qui pis est, la garde de la tranchée, et il fit une
retraite précipitée et honteuse, à laquelle personne ne
le pouvoit obliger que la peur [1].

Les Espagnols assiégèrent Condé par blocus, et le
prirent. Je fus envoyé avec un camp volant de trois
mille chevaux pour empescher que M. de Turenne, qui
s'estoit retiré à Barlaimont, n'assiégeast Charlemont,
Philippeville, Mariembourg, Avesnes, La Capelle,
Rocroy, le Catelet, ou Lynchampt [2], c'est-à-dire l'une

---

[1] Ce passage doit être lu avec précaution, car l'auteur n'est pas d'accord avec les autres mémoires du temps. Montglat dit que Turenne envoya ordre à l'infanterie, qui gardait la tranchée, de se retirer et d'abandonner le canon des batteries, ce qui fut exécuté. (*Montglat,* ibid., p. 8.) Et on lit, dans l'histoire de Turenne, qu'il envoya en diligence à la tranchée pour faire retirer ses troupes, mais qu'il était trop tard, et qu'on en perdit la moitié. (*Histoire du vicomte de Turenne,* Paris, 1735, in-4°, I, 344.)

[2] Le château de Lynchampt est situé à l'extrémité de l'arrondissesement de Mézières, département des Ardennes, sur la frontière qui touche à la Belgique. Il a eu, dans l'histoire, ses temps de célébrité. Nous empruntons la description des Ardennes et de ce vieux château à un livret rare et curieux que le hasard nous a fait rencontrer. *Arduena regio inviis saltibus est impedita, longo terrarum tractu soli sterilis atque infœcundi, præterquam avenarum, quarum nulla est feracior terra : montes habet præruptos atque minaces : depressas valles. In mediis nemoribus aluntur equorum indomiti greges, ac nobilium equarum, ad genus propagandum. Eam regionem incolit genus hominum asperum, incultumque, et Francorum præter nomen ignarum.... In ejus regionis confinio erat Lycampœus mons, saxeus, præcelsus, maximeque directus, omni ex parte altitudine præruptus atque asper : ipsius jugum in augustum dorsum cuneatum, paulo altiore fastigio, eâ parte quæ vergit ad orientem. Hujus radices Symois flumen* (le Semoys) *alluit. Reliquis ex omnibus partibus colles, mediocri interjecto spatio, sed non pari altitudinis fastigio, hunc montem cingunt. Abest Masseriis* (Mézières) *paulo amplius passuum octo millia.* (Ly-

de ces places. Je l'empeschay, mais, ayant esté rappelé
à l'armée, et, au bout de quelque temps, La Suze
ayant esté commandé pour faire la mesme chose que
j'avois faite, au lieu d'aller où il devoit estre, il s'amusa
à rôder par des villages et laissa investir La Capelle
que nous ne pusmes jamais secourir, ce qui fut une
belle chose à Turenne d'avoir pris une place, avec une
armée battue, à la barbe d'une armée victorieuse.

En 1657, M. de Turenne se mit en campagne de
bonne heure et investit Cambray; mais, malheureusement pour luy, M. le Prince se trouva campé à Bossu,
avec cinq mille chevaux de ses seules troupes, et, dès
qu'il eut receu la nouvelle que Cambray estoit investy,
il marcha en diligence, passa par Valenciennes et par
Bouchain, et, la même nuit, il força le camp des ennemis, qui n'estoit pas encore bien retranché, et entra
avec ses cinq mille chevaux dans Cambray, à la barbe
de M. de Turenne, qui fut obligé de se retirer bien viste
et de lever le siége. On a toujours remarqué qu'il craignoit de rencontrer M. le Prince, et croyoit que son
génie estoit au-dessus du sien.

En 1658, M. de Turenne assiégea Dunkerque de
fort bonne heure. Les Espagnols et M. le Prince furent

campæi castri munitissimi obsidio atque excidium, authore Joanne
Lodoico Micquello, Rhemo. Parisiis, apud Benedictum Prevost, 1555,
in-8°, fol. 6 et 7.) Henri II fit prendre et démanteler ce château en
1550. (*Continuation de l'Histoire de notre temps*, par Guillaume Pa-
radin, Paris, 1575, in-8°, fol. 6.) Il faut bien que ce vieux château
eût été réparé, puisque, en 1655, le parti espagnol craignait que Turenne ne cherchât à s'en emparer. Il y existe encore aujourd'hui quelques ruines des tours, des plates-formes et surtout de la chapelle.

surpris, car leurs trouppes n'estoient pas prestes, et
toujours tout leur manquoit; ils firent néanmoins
toutes les diligences qu'il leur fut possible; ils mirent
ensemble douze mille hommes, et se vinrent camper
le 13 de juin à Furnes. M. le Prince et le maréchal
d'Hocquincourt se détachèrent, avec quatre mille chevaux, pour aller reconnoistre les retranchemens de
Dunkerque, et le maréchal y fut tué de plus de sept
cents pas par trois Suisses, qui estoient dans une méchante redoute palissadée; luy, qui avoit tant essuyé de
coups tirés de près, fut misérablement tué de cette façon.
Il luy avoit esté prédit par une religieuse qu'il avoit
autrefois aimée, qu'il mourroit dans trois mois, ce qui
luy arriva; il avoit la lettre dans sa poche, le jour qu'il
fut tué; M. le Prince l'a veue, et bien d'autres aussi.
La prédiction ne fut que trop vraye pour lui, qui
mourut aussi espouvanté dans sa mort qu'il avoit
été brave dans sa vie, ce qui fait voir la foiblesse
humaine [1].

Le lendemain quatorzième, nous nous approchasmes
du camp de Turenne fort imprudemment, sans canon,
sans pain, sans pics ni pelles; aussi n'y demeurasmes-
nous pas long-temps. Ce fut l'émulation qui estoit entre
Don Juan et M. le Prince qui causa tout le mal, car
l'un pour l'amour de l'autre, personne ne voulut
représenter la faute qu'on faisoit de s'approcher si près
des ennemis, estant si foibles et en si mauvais état.

[1] Charles de Monchy, maréchal d'Hocquincourt, fut tué de cinq
coups de mousquet, en voulant reconnaître les lignes de l'armée française, à Dunkerque, le 13 juin 1658. (*Père Anselme*, VII, 554.)

Le lendemain quinzième, Turenne nous donna la bataille, estant sorty toute la nuit de ses retranchemens.
L'aile droite des Espagnols plia la première, celle de
M. le Prince tint bon quelque temps, mais il fallut plier
comme l'autre. J'estois dans les dunes ayant, avec mon
seul escadron d'Anguien, toute l'infanterie ennemie
devant moy, qui ne me disoit rien, ni moy à eux; je
ne pouvois voir en quel état M. le Prince estoit, parce
qu'il estoit dans un fonds; j'y envoyay, on me rapporta qu'il avoit chargé les ennemis deux fois, et qu'à
la fin les ennemis l'avoient repoussé et mis en désordre. Je fis marcher la droite de mon escadron et je le
fus joindre; j'y arrivay de si bonne heure, qu'arrestant
les ennemis sur cul, je donnay loisir à M. le Prince
de changer de cheval, le sien étant blessé, et de se retirer : il me doit sa liberté. Comme je vis qu'il n'y avoit
plus personne que moy en bataille, et qu'avec tant
d'ennemis sur les bras j'avois aussi reçu ordre de me
retirer, je fis signe derrière moy à mes gens de se
retirer, comme j'en voulus faire de mesme; voulant
tourner mon cheval, il donna de la croupe en terre,
ayant la cuisse rompue; je demanday un autre cheval,
mais celuy qui m'en menoit un, avoit esté tué d'un coup
de mousqueton, mon cheval pris et luy dépouillé, de
sorte que, dans cet embarras, les ennemis tombèrent
sur moy, et deux officiers de Grandmont m'offrirent
quartier que j'acceptay, et tandis qu'ils me faisoient
des honnestetés, un nommé La Palu, capitaine au régiment de Grandmont, me tira de deux pas un coup de
pistolet dans le visage qui me brusla toute la joue,

dont je porte et je porteray les marques; les balles
donnèrent dans ma cravatte, qu'elles mirent en pièces
sans me blesser; je crus qu'il m'avoit tué, car le feu
m'avoit éblouy et osté la vue, mais ayant tasté ma joue
et connu que je n'estois pas blessé, je luy dis : « Voilà
« une belle action, d'assassiner un homme qui n'est
« pas en état de se deffendre! » Ces deux officiers, fort
honnestes gens, luy dirent : « Monsieur, que faites-
« vous? c'est M. de Coligny que nous avons pris, et il est
« homme d'honneur. » Entendant cela, il passa outre,
sans me faire aucune malhonnesteté. On me mena dans
le fort de Mardick avec Bouteville, Romainville, Ricons
et plusieurs autres prisonniers; j'estois encore blessé à
une cuisse, et ma joue me faisoit une grande douleur;
tout cela, joint ensemble, n'est pas trop commode. On
mit les autres prisonniers sur un vaisseau anglois, où
ils furent assez maltraitez, mais moy, par cette estoille
que j'ai desjà dit m'avoir toujours accompagnée, d'avoir
esté bien traité des ennemis et maltraité par les amis,
on me permit d'aller à Calais. M. le comte de Soissons
me fit l'honneur de me prester son carrosse; toute la
Cour, grands et petits, me vint voir, et le Roy estant
tombé dangereusement malade, on crut que je pourrois former quelques intrigues contre les intérêts de
M. le cardinal; c'est pourquoy on me permit d'aller
chez moy, quand je fus un peu mieux.

J'y demeuray deux ou trois mois, après lesquels je
fus eschangé avec Bouteville et S...... ¹, contre M. le

---

¹ Nom incertain; on lit *Seralue* au manuscrit, ce qui est évidem-
ment une erreur de copiste. Il faut peut-être lire *Saint-Luc*.

maréchal d'Aumont, qui avoit esté pris en voulant prendre Ostende; je m'en retournay en Flandres, où je trouvay M. le Prince à Tournay. La campagne finit, et nous nous en allasmes à Bruxelles, où j'eus un si grand démeslé avec M. le Prince que je luy fis demander mon congé par le président Viole; mais il me contenta et me satisfit de telle manière que je demeuray avec luy.

En 1659, la tresve se fit entre les deux couronnes et ensuite la paix. Pendant qu'elle se traitoit, on me donna sept ou huit mille hommes, pour les faire subsister aux environs d'Avesnes, où je ne voulus jamais faire mon profit d'un sol, ce que je pouvois fort bien faire.

Nous passasmes l'hiver à Bruxelles, et justement, le premier jour de janvier 1660, M. le Prince et nous tous en partismes pour revenir en France par Avesnes, La Capelle, Liesse, Vervins, et allasmes à Coulommiers voir monsieur et madame de Longueville, qui n'estoient pas trop bien ensemble. M. de Longueville disoit le diable de sa femme, en présence de M. le Prince et en pleine table, sans que le Prince fist semblant de s'en soucier. Nous partismes de là pour aller à Chastillon, où M. le Prince passa mieux son temps que nous [1]. Au bout de deux ou trois jours nous poursuivismes nostre voyage, n'estant que quatre dans le carrosse de M. le Prince, sçavoir : luy, Boutteville,

---

[1] M. le Prince passait pour être alors dans les bonnes grâces de la duchesse de Châtillon; c'est ce que font entendre les chansonniers du temps.

Guitaud et moy. Durant le voyage, M. le Prince me
gagna cinq cents pistoles à un jeu que je ne sçavois pas,
mais plust à Dieu qu'il ne m'eust volé que cela ! Nous
nous embarquasmes sur le Rhône, à Lyon. M. le Prince
nous fit payer notre part du bateau où nous nous
estions embarqués avec luy. Arrivez en Avignon,
M. de Longueville prit le devant pour aller à Aix, où
estoit la Cour, et nous y arrivasmes un jour après luy.
Il vint force gens au-devant de nous. M. le Prince fut
bien reçu extérieurement, mais dans le fonds fort mal ;
le cardinal le logea chez luy ; nous fusmes tous fort bien
logés, et toutes les portes de chez le Roy et la Reyne
nous furent toujours ouvertes, tant que nous fusmes à la
Cour ; le lendemain que nous fusmes arrivés, M. le
Prince nous présenta au Roy et à la Reyne, qui nous
fit très bon visage. La Reyne dit, en nous regardant
amiablement : « Je pense que ces Messieurs sont bien
« aises d'estre icy ; pour vous, Monsieur, dit-elle en se
« tournant du costé de M. le Prince, je vous avoüe que
« je vous ay bien voulu du mal, et vous me ferez bien
« la justice d'avoüer que j'avois raison. » M. le Prince
ne luy répondit pas un seul mot, dont nous fusmes surpris ; car il y avoit cent choses à respondre. Il luy pouvoit seulement dire qu'il estoit bien malheureux d'avoir
déplu à Sa Majesté, et d'estre tombé dans sa disgrâce ;
ou bien luy dire qu'il avoit bien payé la faute qu'il
avoit faite de luy avoir déplu ; ou bien encore s'excuser, ou même se plaindre respectueusement qu'il
n'avoit pas mérité le traitement qui l'avoit jeté dans le
désespoir, dont il estoit bien fâché, mais qu'il répare-

roit par ses services les fautes qu'il avoit faites; mais
rien. Le Roy remit au choix de M. le Prince de le
suivre au mariage, ou de s'en retourner à Paris. Il prit
le dernier party et fit plaisir à la Cour, et de vray il n'y
eust fait guères de plaisir, car il y estoit allé avec des
chevaux de Blavet.

Pendant le temps que nous fusmes à la Cour, fort
bien vus de tout le monde, le cardinal nous voulut voir
en particulier, c'est-à-dire Marsin, Persan, Bouteville,
Rochefort et moy. Je ne sçay pas ce qu'il dit et ce qu'il
fit aux autres, mais, pour moy, on ne peut jamais au
monde faire plus de caresses qu'il m'en fit. Il me fit
asseoir dans un fauteuil auprès de luy; en entrant dans
sa chambre, il vint au-devant de moy, dès qu'il entendit
nommer mon nom, et dit : « Où est-il, ce Coligny,
« que je l'embrasse, » et ensuite, estant assis auprès de
moy, il me dit qu'il estoit ravy de me voir, que j'estois
en grande estime auprès de la Reyne et de luy; « Je ne
« vous veux pas parler en ministre, je vous veux parler
« comme un honneste homme, vous avez fort bien fait
« d'avoir servy fidellement M. le Prince, et je vous
« demande pardon de vous avoir voulu tenter; je sça-
« vois bien que vous n'en feriez rien, mais je devois
« cela à moy-mesme, dans le poste où je suis, de faire
« ce que je pouvois et ce qui dépendoit de moy pour
« attirer un homme comme vous au service du Roy. »
Je luy dis que c'estoit une grande satisfaction pour
moy de me voir dans l'estime et dans les bonnes grâces de Son Éminence, que puisque j'avois fait mon
devoir dans un méchant party, il pouvoit juger que

je le ferois encore mieux dans le service du Roy et
dans le sien, si jamais il me faisoit l'honneur de me
commander quelque chose pour son très humble service particulier, et s'il me procuroit quelque occasion
de servir le Roy; que je mourois d'envie de réparer les
choses passées, et après on en vint à des discours de
choses indifférentes qu'il ne sçavoit pas, et à d'autres
qu'il sçavoit et qu'il ne croyoit pas que je sceusse. Enfin
la conversation finit par mille protestations d'amitié
de sa part, et des assurances de chercher les occasions
de me servir et de m'avancer; et le même jour, comme
il jouoit avec le Roy à cul-bas [1], le Roy, tout d'un
coup me regarda fixement, et se mit à parler à l'oreille
du cardinal, en me regardant toujours en souriant;
le cardinal crût que cela me mettoit en quelque petit
désordre; pour m'en sortir, il me dit tout haut que
le Roy disoit que j'avois un trop grand collet. Je
regarday mon collet et dis assez haut : « Il est vray
« que mon collet est un peu à l'espagnol, mais je puis
« assurer le Roy que je n'ay rien gardé d'espagnol en
« les quittant que ce collet, et que tout le reste est
« fort bon françois. » Tout le monde se mit à rire, et
le cardinal, après avoir fait trois ou quatre fois de la
teste un signe d'approbation, me répondit que le Roy
en estoit bien persuadé, et se mit à parler à l'oreille
du Roy de quelque chose à mon avantage que je n'entendis pas bien; j'entendis quelque mot qui me fit

---

[1] Espèce de jeu de cartes ayant du rapport avec le jeu du commerce :
il se jouait entre cinq ou six personnes.

comprendre qu'il disoit au Roy que je n'estois pas tout-
à-fait une beste.

Nous partismes donc de la Cour, et nous vinsmes
coucher à Orgon, où M. le Prince faillit à mourir
d'une colique néfrétique, dont il fut délivré le lendemain, ayant jetté la nuit un gravier. Nous revinsmes
en carrosse à Lyon, où la ville donna un grand disner
à M. le Prince, qui alla coucher à la Bresle et de là à
Rouanne, où il vouloit s'embarquer; mais la rivière se
trouva toute prise en une nuit. J'avois envoyé un page
en poste à Digoin, qui est à moi, avec cent pistolles
pour avoir des provisions et les régaler; mais la glace
me sauva de cette corvée, et bon nombre de provisions perdues de Rouane à Chasteau-Morand, où le
seigneur du lieu (petit fálot qui m'avoit escript trois
ou quatre lettres pour obliger M. le Prince à aller chez
luy), régala le Prince si pitoyablement que j'en rou-
gissois pour luy. Je ne sçay pas de quoy les gens s'avi-
sent de se procurer ainsi des affronts.

La Cour revint du mariage et nous fusmes au-devant
d'elle à Amboise. L'année 1661 se passa à Fontaine-
bleau, à Paris, à Saint-Germain. Le Roy fit une entrée
fort triomphante à Paris, en 1660.

Les chevaliers du Saint-Esprit furent créez en 1661.
Nous eusmes une grande escarmouche sur ce sujet,
M. le Prince et moy; mais il me fit tant d'honnestetés
qu'il me gagna encore. Quelque temps après m'estre
marié [1], Guitry me vint un jour trouver et me fit un

---

[1] Vers cette époque, le comte de Coligny épousa Anne-Nicole Cauchon de Maupas, fille du baron Du Tour. (*Père Anselme*, VII, 159.)

long discours, me disant que tout le monde s'eston-
noit que je fusse demeuré attaché au prince après l'injustice qu'il m'avoit rendue de ne m'avoir pas fait
chevalier de l'ordre; qu'on attribuoit à quelque espèce
de bassesse de l'avoir souffert; que je devois au plustost quitter M. le Prince pour m'attacher au Roy. Je
luy répondis là dessus que si je croyois que le Roy eût
mes services agréables, je les luy offrirois avec la dernière joye, mais que je me croyois fort inutile et de
nulle considération auprès de Sa Majesté; que j'estois
trop vieux et incommodé pour chercher un nouveau
maistre; qu'enfin je ne me pourrois résoudre à faire
ce pas là. Il me tourna, il me pressa de tous les costez
pour me persuader, et voyant que je demeurois toujours ferme, il m'avoua enfin avec peine, que le Roy
luy avoit commandé de me parler. « Ha ! Monsieur,
« luy dis-je, c'est une autre affaire; le Roy songe donc
« à moy, il n'y a point à marchander à cela. Je suis à
« luy, et je ne demande que huit jours à prendre mes
« mesures pour sortir honnestement d'avec M. le
« Prince. » Guitry me dit encore que le Roy l'avoit
chargé de sçavoir de moy ce que je demandois pour me
dédommager des pertes que je pourrois faire en quittant M. le Prince; je luy dis pour réponse que je ne
marchandois point avec mon maistre; que si, dans la
suite du temps, je luy rendois quelque service, il feroit
ce qu'il luy plairoit, mais que de ce moment là, je ne
luy demandois rien, me trouvant trop heureux que Sa
Majesté eût agréables les assurances de mes très humbles
services. Je sçavois bien que M. le Prince auroit peine

5

à recevoir ma harangue, c'est pourquoy j'attendis jusques au huitième jour à luy parler. Je le trouvay à table, et n'ayant point voulu manger avec luy, j'attendis qu'il eut soupé; après luy avoir demandé un petit mot d'audience, qu'il m'accorda fort aisément, en faisant sortir tout le monde, je luy dis : « Monsieur, il y « a desjà quelque temps que je me suis mis à faire des « réflexions, et il est temps que j'en fasse. Après y « avoir bien songé, j'ay considéré que je vous suis « inutile et peut-estre à charge, que vous n'avez plus « besoin de vos amis et serviteurs, estant présente- « ment dans un estat tranquille et bien restably dans « la Cour; c'est pourquoy, Monsieur, tout bien compté, « j'ay crû que vous n'auriez pas désagréable que je vous « suppliasse de me vouloir rendre ma liberté. J'ay « passé ma vie dans des attachements continuels, je « serois bien aise de demeurer le reste de ma vie à moy. « Ce n'est pas que je ne veuille estre toute ma vie vostre « serviteur, et que hors contre le Roy, je ne sois tou- « jours à vous contre tout le reste du monde, et ne « vous faisant que cette exception, je crois ne vous en « point faire, car vous estes présentement plus attaché « au Roy que personne du monde. Par cette raison, « j'espère que vous aurez la bonté de m'accorder la « grâce que je vous demande. » Il me respondit pour cette fois, avec assez de modération, que les volontés estoient libres, et qu'il ne retenoit personne par force, et s'eschauffant ensuite, il ajouta que, puisque cela estoit, il ne falloit pas que je songeasse à l'élection de Bourgogne. Cela me fascha; je luy dis que je ne luy demandois rien, et que bien loin de prétendre quelque chose à l'avenir, je luy voulois rendre tout ce que je tenois de luy, et que je luy rendrois la commission de mestre de camp du régiment de M. le duc d'Anguien, son fils; et comme je luy prononçay cela d'un ton assez ferme, il s'eschauffa encore plus, et me dit que ce n'estoit pas là les assurances que je luy avois fait donner quelque temps auparavant, par Caillet, son secrétaire. Je luy dis encore pour la seconde fois que je voulois toujours estre son serviteur, mais que n'ayant jamais esté à ses gages, je pouvois me rendre maistre de ma liberté, et que absolument, j'estois résolu de n'avoir jamais plus d'autre attachement qu'au Roy, et j'ajoutay que j'estois surpris qu'il prit de si mauvaise part le désir que j'avois de me retirer, et que si un de ses palfreniers, après l'avoir servy quatorze ans, luy demandoit son congé, sans prétendre récompense ni gages, il le luy accorderoit volontiers, et qu'à plus forte raison j'avois pour le moins autant de droit de me retirer, l'ayant servy avec beaucoup de fidélité, sans avoir jamais rien eu de luy, et sans luy avoir jamais rien demandé. Cela l'eschauffa furieusement, et ne sachant que me respondre, nous demeurasmes quelque temps sans parler. Sur cet instant je pris mon temps de luy dire : « Monsieur, ces sortes de conversations ne doivent « jamais durer; car elles ne sont agréables à pas une « des parties, c'est pourquoy, Monsieur, je vous sup- « plie d'avoir agréable que je vous donne le bon soir; » et sans attendre sa response, je luy fis la révérence, et sortis de sa chambre. Estant sorty, je trouvay dans

son antichambre Dumont, Saint-Micaut et trois ou
quatre autres, avec qui je m'arrestay fort tranquillement
et leur dis : « Messieurs, je m'en vais vous dire une
« nouvelle qui vous surprendra, c'est que je ne suis plus
« serviteur de M. le Prince, c'est-à-dire, en me repre-
« nant moy-même, que je ne suis plus attaché à luy. »
Ils m'en témoignèrent du regret et Saint-Micaut prit
la parole, et me dit : « Ha ! Monsieur, quel malheur !
« quel desplaisir ! n'y auroit-il point moyen de raccom-
« moder cela, vous estes un peu prompt ; ne vous estes-
« vous point trahy vous-même, en prenant cette réso-
« lution-là ? » Je luy dis : « Je ne sçay point si je me
« suis trahy moy-même, mais je sçay bien que je n'ay
« jamais trahy M. le Prince. » Ils me dirent : « Ha, Mon-
« sieur, bien loin de là, c'est le plus grand malheur qui
« luy put arriver de perdre un homme comme vous,
« mais nous espérons que cela se raccommodera. » Après
leur avoir dit qu'il n'y avoit point de raccommodement
à faire, puisque je ne croyois pas estre mal avec luy,
je me retiray en diligence, et j'entendis en sortant que
M. le Prince cria trois ou quatre fois, Caillet ! Caillet !
Je m'en allay de ce pas chez moy, demanday promptе-
ment ma cassette, en tiray la commission susdite et
l'envoyay par un valet de chambre au susdit Caillet,
auquel l'ayant présentée, et luy ayant dit : « Monsieur,
« M. de Coligny vous souhaite le bonsoir et m'a or-
« donné de vous donner cela. » Caillet luy dit : « Qu'est-
« ce que M. de Coligny veut que je fasse de cela ? »
Le valet qui ne sçavoit ce que c'estoit, ni ce qui s'estoit
passé, luy dit : « Monsieur, je ne sçaurois vous rien

« dire là-dessus, on m'a ordonné de vous remettre cette
« chose-là en mains, je ne sçaurois vous en dire davan-
« tage. » Caillet se mit un peu à resver, et dit à mon
valet : « J'ay une affaire qui me presse, attendez moy
« un moment, je reviendray tout présentement. »
Il laissa ladite commission à mon valet et fut trouver
M. le Prince, et luy dire cela. Ils furent quelque demi-
heure à parler ensemble, et à voir ce qu'il y auroit à
faire pour tenir les choses en un estat d'accommodement ; mais, après avoir bien raisonné, M. le Prince
dit : « Je connois Coligny, il n'a pas fait ce pas-là pour
« s'en dédire ; c'est une affaire faite [1]. » Sur cela Caillet
sortit, reçut la commission. « Dites à M. de Coligny
« que je ne sçays pas pourquoi il m'envoye cela ; je le
« verray et la garderay pour la luy rendre quand il luy
« plaira. » Mais les choses ne furent pas tournées dans
la suite à aucun accommodement ; au contraire, dès le
lendemain le Prince prit le party de se plaindre de
moy, et moy de me justifier fort ferme et fort au désavantage du Prince.

Il arriva deux jours après une conjoncture, qui acheva
d'aigrir les affaires ; c'est que M. le Prince estant venu
chez la Reyne-mère, qui jouoit tous les soirs, je m'y
rencontray aussi ; M. le Prince trouvant peut-estre
étrange que je me rencontrasse dans un lieu où il
estoit, quoique ce fût un lieu privilégié, se mit à me
regarder rudement avec ses grands yeux furieux. Moy,

[1] Il semblerait que le valet aurait entendu quelques mots de la conversation ; autrement comment Coligny aurait-il eu connaissance d'un
entretien secret entre le prince et son secrétaire ?

quand l'occasion s'en présenta, je le regarday aussy, détournant pourtant ma vue quelquefois, mais je rencontrois toujours la sienne furibonde. Il croyoit peutestre que je prendrois le party de sortir de la chambre de la Reyne, ce que je ne fis pas, parce que je ne le devois pas faire. Luy, voyant cela, prit le party d'assembler trois ou quatre personnes (il y avoit fort peu de gens), et commença à leur dire que je l'avois quitté brutalement, et que je le morguois; que j'estois un audacieux et un emporté, et mille choses de cette nature. Je vis bien qu'il parloit de moy, car il me regardoit toujours, et faisoit de certaines actions d'un homme en colère. A la fin il quitta ces gens-là, et dès qu'il les eut quittés, je les borday et leur dis que j'avois fort bien vu qu'il leur parloit de moy, et que je ne sçavois pas ce qu'il leur avoit dit, mais que j'estois homme de bien, que M. le Prince n'avoit rien à dire contre moy, que je l'avois fort bien servy, sans aucun intérest, et que si j'apprenois dans la suite que M. le Prince fit des plaintes de moy et parlast à mon désavantage, je me sçaurois fort bien déffendre et me justifier; que j'avois beaucoup sujet de me plaindre de luy, et qu'il n'en avoit aucun de se plaindre de moy. Dès qu'il se fut apperçu que j'avois abordé ces gens-là, il en marqua beaucoup de peine et me dévora toujours des yeux; il eut beau faire, je me rapprochay de la Reyne, assez près de luy, et tant qu'il fut chez la Reyne, je n'en voulus jamais sortir. Cela le mit dans une fougue extraordinaire; il alloit de maison en maison, se plaignant de moy, et disant mille choses contre moy.

J'usay de représailles ; je dis que c'estoit un ingrat, qui haïssoit tous ceux à qui il avoit obligation, pour chercher des prétextes de ne rien faire pour eux ; que je luy avois sauvé la vie, ou la prison, à la bataille de Dunkerque ; qu'il fut trop heureux que je luy donnasse occasion, en tenant ferme à la teste d'un escadron, de changer mon cheval au sien blessé, pour pouvoir s'enfuir plus viste. Ces discours, que je faisois partout, le mirent dans une telle colère qu'il en devint furieux contre moy.

Dans ce temps-là il arriva quelque argent d'Espagne, dont il me revenoit douze mille écus des Païs-Bas, qui en font quinze mille de France. Je fis demander permission au Roy de les prendre, croyant qu'il n'y avoit que cela à faire, mais M. le Prince me les refusa, et dit que l'argent qui estoit venu d'Espagne estoit pour ses amis, et que moy qui n'en estois pas, je n'en aurois rien. Ayant sçu ce refus, je résolus de présenter un placet au Roy, un peu trop fort pour M. le Prince, mais pas trop pour la colère où j'estois de voir que M. le Prince, après l'avoir si bien servi, me vouloit frustrer d'un argent que les Espagnols m'avoient donné, et qui ne luy appartenoit pas. Voici à peu près les discours dont le placet estoit composé :

SIRE,

« Le comte de Coligny représente avec respect à « Vostre Majesté, que M. le Prince luy veut oster douze « mille écus qui lui ont été accordés par les Espagnols « à la paix, pour le dédommager des pertes qu'il a faites

« en servant M. le Prince et eux, disant qu'il ne veut
« donner d'argent qu'à ceux qui sont demeurés attachés
« à luy, comme si c'estoit autant de pensionnaires qu'il
« voulut entretenir aux Espagnols, pour les occasions
« qui s'en pourront offrir. Je supplie très humblement
« Vostre Majesté de considérer de quelle importance
« il seroit, s'il estoit permis à M. le Prince de se venger
« d'un homme parce qu'il est attaché à Vostre Majesté,
« car M. le Prince ne peut avoir d'autre raison de me
« maltraiter que celle-là, tout le monde estant assez
« bien informé de la fidélité que je luy ay gardée, dont
« M. Le Tellier peut rendre un témoignage fidèle et
« non suspect. J'attends avec impatience des occasions
« de rendre à Vostre Majesté les très-humbles services
« que je luy dois, et si j'ay esté ferme et fidèle pour un
« prince rebelle, vous jugerez, Sire, ce que je devray
« estre pour mon Roy et mon maistre, et pour le plus
« grand Prince qui ait jamais régné. »

Si ce ne sont pas les mêmes paroles, c'est du moins
le vray sens du placet que j'eus l'honneur de présenter
au Roy; il me promit de le lire, le lut en effet, et
le remit ensuite ez-mains de M. Le Tellier, en luy
disant qu'il luy vouloit faire voir des *vers* à la louange
de M. le Prince.

Ce placet fit un furieux bruit dans le monde, où il
avoit esté rendu public, je ne sçays comment, car je
n'en ay jamais fait de copie, bien loin d'en avoir donné,
et il y a quelque apparence que ce furent les ministres
mesmes qui le firent courir, et je ne voudrois pas jurer

qu'ils n'en eussent eu l'ordre, ou du moins le consentement. On peut aisément juger quel effet fit ce placet dans l'esprit impétueux de M. le Prince; il se jeta dans toutes les invectives dont son procédé emporté est capable, et dit mille choses de moy. Il sçavoit fort bien luy-mesme qu'elles estoient fausses, et comme mon séjour à la Cour l'ennuyoit extrêmement, par tout ce qui se passoit, et ce qui se disoit, et ce qu'on me faisoit dire; car on augmente toujours à la Cour quelque chose aux discours, pour augmenter le mal et rendre les affaires irréconciliables. Il s'avisa d'une invention qui ne luy réussit pas; il se servit d'un homme aussy fourbe et plus habile que luy (ce fut M. de La Rochefoucauld), qui, sachant que Hauterive [1], qui a depuis épousé madame la duchesse de Chaulnes, estoit de mes amis en ce temps-là, l'alla chercher exprès chez luy pour luy dire que, m'aimant beaucoup, il estoit fasché que j'eusse porté les affaires jusques aux dernières extrémités avec M. le Prince; qu'un homme de sa sorte estant outré au dernier point contre moy, il n'y avoit point de sûreté pour moy à Paris; qu'il me conseilloit donc d'en sortir au plus tost, ou que très-assurément il m'y arriveroit quelque grand malheur; qu'il prioit Hauterive de me chercher partout, où il me pourroit trouver, pour me donner cet avis, dans lequel il

---

[1] Jean Vignier, marquis d'Hauterive, alors cornette des chevau-légers de la Reine mère. La duchesse de Chaulnes, belle-sœur de l'ambassadeur à Rome, en étant devenue éprise, l'épousa en troisièmes noces, malgré toute sa famille, et, en contractant cette alliance, elle perdit les honneurs du tabouret.

n'y avoit pas un moment à perdre. Il n'est pas mal
aisé de deviner leur dessein; ils me vouloient faire faire
un faux pas, pour me rendre mesprisable dans l'esprit
du Roy, et me ruiner par là et par l'absence, m'estant
esloigné moy-même de la Cour. Je remerciay de tout
mon cœur M. d'Hauterive des soins qu'il prenoit, et
luy demanday s'il vouloit venir sur le pont Nostre-
Dame où au Palais¹, acheter une paire de gants; il se
prit à rire extrêmement, dont luy ayant demandé
le sujet, il me dit qu'il avoit dit à La Rochefoucauld que je luy ferois la mesme responce que je luy
avois faite, et que je me mocquerois de cet avis et de
la terreur qu'on me vouloit donner; mais que pour ne
pas manquer au devoir d'un amy, il vouloit bien se
charger de cette commission, quoy qu'il jugeât qu'elle
ne seroit d'aucun effet. Cet avis fut pourtant suivy de
beaucoup d'autres; lesquels, commençant à la longue
à m'ennuyer, je respondis à tous en général que je ne
craignois rien, et que M. le Prince ne pouvoit faire
contre moy que de deux choses l'une, ou de me faire
assassiner, ou de me faire un affront de sa personne à
la mienne, venant à me rencontrer en quelque endroit;
que pour ce qui estoit de la première, je croyois le
Prince trop généreux pour vouloir noircir une belle
vie comme la sienne par un lasche assassinat; que je
jugeois de luy par moy-mesme; que, quel mauvais
traitement qu'il m'eût fait, je n'estois pas capable de
penser, bien loin d'entreprendre, une action si basse

---

¹ Lieux alors les plus fréquentés de Paris, où se seraient gardés de
se présenter ceux qui auraient eu des motifs pour ne pas se montrer.

et si infâme, quoyqu'il fut aussi bien en ma puissance
de l........', que moy de l'estre par luy; mais qu'en
cela nous n'avions rien à craindre l'un de l'autre, et
qu'ainsy il ne falloit pas y songer; que pour ce qui
estoit du second point que j'avois mis en avant, qui
estoit de me faire un affront de sa personne à la mienne,
j'éviterois de tout mon pouvoir de me trouver en
lieux où je sçaurois qu'il seroit, excepté dans ceux qui
sont privilégiés, comme la maison du Roy et les églises,
ou chez Monsieur, mais que s'il venoit par hazard dans
quelque maison où je fusse entré devant luy, ce qui
pouvoit aisément arriver, comme chez madame la duchesse de Ventadour, qui est ma tante à la mode de
Bretagne², et qui est aussi sa cousine germaine, ou
chez madame d'Angoulesme, qui estoit cousine germaine de ma grand-mère, chez laquelle j'allois souvent, et qui ont beaucoup d'amitié pour moy, et
d'autres maisons comme cela, où M. le Prince alloit
quelquefois, et moy fort souvent, si, dis-je, M. le
Prince venoit à entrer, ou là, ou dans quelque autre
maison où je me pourrois estre rencontré le premier,
que je ne me cacherois, ni ne me jetterois par les fe-
nestres, mais que, si en me retirant, par le respect que
je luy dois, il venoit à moy pour me faire quelque dé-

' Le mot est en blanc au manuscrit; la main de l'auteur se sera refusée
à tracer une expression qui, pour sa fidélité, aurait participé du blas-
phème.

² Marie de la Guiche de Saint-Géran, seconde femme de Charles de
Lévis, duc de Ventadour, morte en 1701. On a vu plus haut, page 5,
que Françoise de la Guiche était l'aïeule paternelle du comte de Coligny.

plaisir insigne, qu'un homme de ma naissance et de
mon humeur ne dût pas souffrir, ou ne pût vivre content après l'avoir souffert, que s'il estoit *si fol* que de
l'entreprendre (ce furent mes propres termes), je le
tuerois infailliblement; que je sçavois bien que je serois
pendu après l'avoir fait, mais que, quoy qu'il m'en dût
arriver, j'aimerois mieux mourir que de souffrir un
affront insigne et qui portât le déshonneur avec soy.
Cela estoit aisé à deviner que j'entendois, par exemple,
s'il me venoit frapper, ou dire quelque injure atroce et
infamante. Comme on sçait que le plus grand nombre
des gens de Cour n'est composé que de fripons et de
coquins d'honneur, il ne se passa pas long-temps sans
qu'on luy reportât les discours que j'avois tenus. Ce
fut dans ce moment que M. le Prince crut avoir trouvé
une occasion de me perdre infailliblement, et que tout
au moins je serois mis à la Bastille, ou chassé de la Cour;
mais il avoit affaire à un prince judicieux, et qui ne se
laissoit pas emporter aux premiers discours et aux rap-
ports qu'on luy fait contre les gens. Il veut voir clair
et sçavoir le fond des affaires. M. le Prince, pour parvenir au dessein qu'il avoit formé de m'abysmer et de
me perdre (belle récompense des services considérables
que je luy ay rendus), fut trouver M. Le Tellier et luy
dit ces propres mots : « Monsieur, je vous viens prier
« de demander justice au Roy, de ma part, contre
« Coligny, qui dit partout qu'il me tuera. »

M. Le Tellier, haussant les épaules à sa manière
accoustumée, se chargea de cette commission sans ap-
profondir les matières. Il s'acquitta de ce bel employ

vers Sa Majesté, qui, avec sa bonté et sa prudence
ordinaire, dit à M. Le Tellier qu'il n'avoit pas entendu
dire que je fusse fol, et qu'il avoit entendu dire autrefois à M. Le Tellier beaucoup de bien de moy; qu'il
n'y avoit pas d'apparence que j'eusse menacé M. le
Prince de le tuer, qu'il n'y eut du plus ou du moins
(ce furent ses propres termes), qu'il falloit sçavoir les
tenans et les aboutissans de tout cela, qu'il estoit juste
de faire justice à M. le Prince, s'il y avoit du sujet de
la rendre, mais aussi qu'il avoit de son costé son honneur à garder, et que je disois partout que je n'estois
persécuté et poussé par M. le Prince que parce que je
m'estois attaché au service de Sa Majesté, et que je
n'avois quitté M. le Prince que pour cela; qu'enfin il
m'en falloit parler pour sçavoir de moy si j'avois tenu
ces discours, comment je les avois tenus et pourquoy
je les avois tenus. M. Le Tellier fut chargé de cet éclair-
cissement, et je le trouvay tout à propos pour le satisfaire sans qu'il eut la peine de m'envoyer chercher. Il
descendoit le degré de Louvre, et moy je le montois; il
me tira à quartier, et me dit avec sa douceur ordinaire : « Monsieur, j'ay eu ordre du Roy de sçavoir de
« vous quelques particularités sur une plainte que
« M. le Prince a faite au Roy, et luy a demandé justice
« de ce que vous disiez partout que vous le tueriez; le
« Roy veut sçavoir ce qui en est; c'est pourquoy je
« vous prie de me mettre en état d'en rendre un compte
« net et véritable au Roy, après ce que vous m'en aurez
« dit. »

Sur quoy je luy contay tout au long ce qu'on m'avoit

dit de tous costés, et les terreurs qu'on m'avoit voulu
donner pour me faire abandonner le pavé de Paris;
que j'avois long-temps écouté tout cela avec patience,
mais qu'à la fin ceste patience estant mise à bout, j'avois
dit que je ne devois pas craindre M. le Prince, que je
l'avois trop bien servy pour devoir craindre de la part
de M. le Prince un assassinat. Bref, je luy dis mot à
mot, et sans rien changer, tout ce que je viens d'escrire
sur le sujet de ses menaces, et des importunes et réité-
rées propositions qu'on m'avoit faites de sortir de Paris.
Il m'escouta avec une grande attention, et je suis assuré
qu'il ne perdit pas un mot de ce que je luy avois dit;
cependant, par une raison à moy inconnue, il ne fut
pas content de ce que je luy avois dit de bouche, il le
voulut avoir par escrit, et il me dit : «Monsieur, je
« vous assure qu'en vieillissant il nous arrive beaucoup
« d'incommoditez; la plus grande des miennes, c'est
« que la mémoire commence à me manquer (il l'a
« meilleure qu'homme de France); j'appréhenderois,
« dit-il, dans une affaire de cette conséquence, d'ou-
« blier quelque chose d'important; pour l'éviter, je
« vous prie de me donner par escrit tout ce que vous
« m'avez dit. — Très volontiers, Monsieur, luy dis-je,
« pourvu qu'il vous plaise me donner deux heures de
« temps, vous serez satisfait. » Il me dit : « Non pas
« seulement deux heures, mais deux jours, pourvu que
« j'aye cela demain, ou après demain, cela suffira. » Là
dessus nous nous séparasmes, et je m'en allay tout droit
chez moy pour y travailler et dresser ce mémoire, en
sorte qu'il pût paroistre devant le Roy sans estre trop

long, et sans toutes fois y rien oublier d'essentiel. Je fis,
dès le jour même, porter mon mémoire à M. Le Tellier, escrit et signé de ma main, où surtout je n'ou-
bliay pas de mettre les propres mots, que si M. le
Prince se mettoit en estat de me faire quelque affront
insigne, qu'un homme de ma naissance et de mon humeur ne dût pas souffrir, ou ne pût pas vivre content
après l'avoir souffert, je le tuerois infailliblement;
que je sçavois bien qu'il m'en coûteroit aussi la vie,
parce qu'il n'y avoit point d'exemple qu'un homme eût
tué un prince du sang impunément, mais que j'aimerois mieux mourir, que d'avoir souffert un affront qui
portât une tache à mon honneur; et j'ajoutay que je
croyois qu'il n'y avoit personne en France qui eût un
entier pouvoir de faire ce qu'il voudroit de moy que le
Roy seul; que j'estois d'autant plus hardy sur M. le
Prince que je ne l'avois jamais offensé, qu'au contraire
je ne l'avois que trop bien servy, et que par l'injuste
attachement que j'avois eu pour luy, j'avois ruiné mes
biens et ma fortune, et que c'estoit là une belle récompense de me vouloir perdre dans l'esprit du Roy, après
que je m'estois réduit dans un estat misérable pour le
servir. M. Le Tellier reçut mon escrit et le porta au
Roy, qui eut la bonté de le lire tout au long et avec
attention, et, après l'avoir lu, il dit à M. Le Tellier :
« Voicy qui est bien différent de la plainte que fait
« M. le Prince, qui dit tout franc que Coligny dit
« partout qu'il le tuera, car Coligny dit : Qu'il n'a
« jamais fasché M. le Prince, qu'il sçait bien le respect
« qu'il luy doit, qu'il luy a toujours rendu, et qu'il luy

« veut toujours rendre; il dit seulement que si M. le
« Prince luy fait un affront il le tuera; M. le Prince
« n'a qu'à ne point faire d'affront à Coligny, et Coligny
« ne se mettra point en estat de le tuer. » Paroles dignes
du plus grand et du plus juste des Roys qui ayent été,
qui soient, et qui seront jamais. Le Roy dit ensuite à
M. Le Tellier : « Voilà une affaire qui m'embarrasse,
« je veux rendre justice à mon cousin, mais je ne veux
« point faire d'injustice à personne, vous me ferez
« plaisir de trouver quelque moyen de finir et d'ac-
« commoder ceste affaire; il faut proposer cela à M. le
« Prince comme venant de vous; par exemple, le ma-
« réchal de Gramont est fort amy de M. le Prince, il
« aime aussi Coligny, car il m'en a quelquefois parlé,
« il fera que ledit Coligny entrera dans ce qu'il doit
« à la qualité et à la personne de M. le Prince; mais il
« faut aussi que M. le Prince fasse raison à Coligny de
« l'argent qu'il luy retient assez vilainement, car n'est-
« il pas vray qu'il l'a fort bien servy? — Sire, je suis
« obligé, dit M. Le Tellier, de dire à Vostre Majesté
« que la seconde fois que Coligny s'en retourna en
« Flandres trouver M. le Prince, après qu'il eut esté
« eschangé avec le maréchal d'Aumont, je fis, par ordre
« de M. le Cardinal, tout ce qu'il me fut possible pour
« le retirer du service et de l'attachement qu'il avoit
« pour M. le Prince; mais à toutes les offres avanta-
« geuses que je luy fis, il ne voulut pas entendre et ne
« me voulut jamais respondre un seul mot, et s'enfuit
« sans presque me vouloir dire adieu. » M. Le Tellier
se mit à travailler suivant les intentions de Sa Majesté

qu'il cacha à M. le Prince, et luy ayant donné connoissance de tout le reste, il luy dit : « Je vous assure,
« Monsieur, que ceste affaire fait peine au Roy, qui veut
« assurément vous satisfaire, mais il semble qu'il ayt
« peine à maltraiter un homme, qui dit partout qu'il
« n'est mal avec vous que parce qu'il s'est donné au
« Roy; c'est un prince délicat, et qui croit que son hon-
« neur est engagé à ne pas tout-à-fait abandonner ce
« gentilhomme; on sçait bien que si vous vous opi-
« niastrez, il n'y a point de doute que le Roy ne fasse
« tout ce que vous voudrez pour votre satisfaction;
« mais cela luy fera de la peine; c'est pourquoy, mon-
« sieur, je suis obligé de vous dire, dans le dernier
« secret, comme votre serviteur, qu'il seroit à propos
« que vous eussiez agréable que quelqu'un de vos ser-
« viteurs s'entremist dans ce rencontre, pour obliger
« Coligny à se mettre dans le respect et le devoir; par
« exemple, M. le mareschal de Gramont, qui est fort
« votre serviteur, et qui a d'autre part beaucoup de
« pouvoir sur l'esprit de Coligny; il luy fera faire tout
« ce qui sera juste et raisonnable, et votre Altesse aura
« aussi la bonté de le satisfaire sur certaines choses,
« dont la source n'est pas honorable pour vous, car
« cela est venu pour de l'argent que les Espagnols ont
« donné à Coligny, et qu'il dit que vous luy retenez. »
M. le Prince, qui d'un côté fut enragé du peu de satisfaction qu'il recevoit du Roy, et qui de l'autre ne vouloit
point donner d'argent, dit à M. Le Tellier : « Mort-Dieu!
« Monsieur, je ne suis point de qualité à estre accom-
« modé avec Coligny par des mareschaux de France;

6

« j'ai demandé justice au Roy; Sa Majesté en usera
« comme elle le jugera à propos. » M. Le Tellier, en
haussant les épaules doucereusement, luy dit : « Mon-
« sieur, j'avois trouvé cet expédient, comme le plus
« propre pour vostre satisfaction, et délivrer le Roy
« de la peine que cela luy peut faire, je suis fasché que
« cela ne vous soit pas agréable. » M. le Prince, généralement parlant, estoit très fasché qu'on le renvoyât
aux mareschaux de France, comme un simple gentilhomme, mais de plus, en particulier, il eut encore
esté honteux que cela tombast entre les mains du mareschal de Gramont, qui est extrêmement généreux, et
qui luy avoit dit fort souvent, dans le temps que cela
s'eschauffoit : « Monsieur, je voudrois avoir donné ces
« quinze mille escus, tout musquez, à Coligny pour vous,
« et que cela ne fut point arrivé, car il n'est point
« avantageux pour vous, qu'on dise par le monde
« que vous retenez l'argent d'un homme qui vous a
« bien servy, et cela fera aussi peut-estre un mauvais
« effect dans l'esprit du Roy, qui regarde à tout de
« fort près, et je sçay, de plus, qu'il a de l'inclination
« pour Coligny. »

Depuis ce discours avec M. Le Tellier, il ne fut plus
parlé de cette affaire ; M. le Prince eut la mortification
de ne recevoir aucune satisfaction du Roy contre moy,
qui est une chose inouïe qu'un premier prince du sang
demande justice au Roy d'un gentilhomme, qui l'a voulu
tuer, et qu'on ne luy donne pas la moindre satisfaction.
Il a mieux aimé n'en point avoir que de me payer les
quinze mille escus qu'il me devoit. Je ne crois pas que

dans toutes les histoires il se trouve une chose pareille
à cela. Je tins toujours le pavé, allant partout, et
M. le Prince roulant toujours les yeux dans la teste,
partout où il me rencontroit; il ne me fit jamais ni
peur ni mal. Quelque temps après il s'en alla en Bourgogne tenir les Estats, et dès qu'il fut party je pris le
temps de faire demander au Roy permission d'aller en
Bourgogne, mais il n'y voulut pas consentir, et, dès
qu'il fut revenu, je fis encore demander permission d'y
aller : « Ha ! bon, à cette heure, il y peut aller quand
« il voudra : » qui est une marque de sa bonté de ne
vouloir pas que j'allasse en Bourgogne dans le temps
que le Prince y estoit, de peur qu'il ne me dressât
quelque embusche, estant dans la même province que
luy, et dont il estoit gouverneur. C'est encore une
marque que ce grand homme songe à tout, et qu'il
descend dans les intérêts des particuliers, comme s'il
estoit un particulier luy-mesme, et qu'il n'eût autre
chose à faire; de sorte que cela fait paroistre, non seulement qu'il est généreux, mais encore qu'il a un des
plus grands et des plus vastes esprits du monde. Quand
nous avons cinq ou six affaires nous en sommes quelquefois assez empeschez, et ne songeons guère aux
affaires des autres, et luy qui en a cent mille différentes
songe encore à celles des particuliers. Le temps coula
jusqu'à l'année 1664. Il fit avant cela un voyage en
Lorraine et prit Marsal, où je le suivis [1].

En ladite année 1664, l'empereur Léopold se trouvant extrêmement embarrassé par les desseins et les

[1] Ceci se passait en 1663.

préparatifs que le Grand-Seigneur faisoit pour attaquer
la Hongrie, et ne se trouvant pas en estat de pouvoir
soustenir les grandes forces d'un si puissant ennemy
avec les siennes seules, qui estoient épouvantées des
progrès que le Grand-Seigneur avoit faits l'année d'auparavant, et de la prise de Neuhausel, Nitra, et plusieurs autres places, se résolut d'envoyer demander
secours aux princes chrestiens, et dépescha le comte de
Strossi [1] au Roy, pour lui en demander, ce que Sa
Majesté luy accorda généreusement. Le Roy commanda
deux mille chevaux et quatre mille hommes de pied
pour cette expédition. L'infanterie estoit composée de
quatre-vingts compagnies, et la cavalerie de quarante.
Le Roy me destina pour commander tout ce corps, en
qualité de lieutenant-général. Ayant eu ordre d'aller à
Metz, après avoir reçu les ordres du Roy, je partis de
Paris le 17 d'avril, et après avoir assemblé, aux environs de Metz, toutes les troupes destinées à ce voyage,
reçu les routes de l'Empereur pour traverser l'Allemagne et disposer toutes choses, je partis de Metz le
17 (mai), et pris ma route par Salbric, Saint-Avaux,
les Deux-Ponts. Je passay le Rhin à Spire, où je fus
festiné par l'évêque, qui en est souverain, et fort mal
avec ses habitans, et, continuant le voyage, je passay
le Necker à Hailbron, où je fus régalé d'un beau festin
et d'un beau cheval par le duc de Wirtemberg. Je
m'embarquay sur le Danube avec l'infanterie, auquel

---

[1] On lit ainsi au manuscrit. Il était vraisemblablement de la maison
des Strozzi d'Italie, mais en France on écrivait *Strossi*, comme on
peut le voir dans les *Mémoires de Ribier*, Paris, 1666, in-fol., I, 260.

lieu le duc de Bavière m'envoya un très beau cheval, dont j'ay depuis fait présent au Roy.

Par les soins et par les ordres du duc de Bavière, on avoit fait préparer, pour la conduite de l'infanterie, soixante et quatre bateaux, qui coustèrent dix mille escus au Roy. Les officiers du duc de Bavière n'eurent point de honte d'en demander vingt mille escus, mais ne pouvant me résoudre à payer une somme si exhorbitante, je protestay de mon séjour, et envoyay un courier au Roy, de sorte que, pour se délivrer de nous, ils se relaschèrent de la moitié, ce qui fit que, sans attendre le retour du courier, je m'embarquay et sauvay, par ce moyen, dix mille escus au Roy, qui m'avoit cependant fait response qu'il consentoit au payement des vingt mille escus, ne trouvant rien de difficile pour secourir l'Empereur dans sa pressante nécessité.

La cavallerie, sous la conduite de Gassion, marcha par la Bavière et l'archevêché de Saltsbourg, pour se réunir au rendez-vous général, donné à toutes les troupes, tant de cavallerie que d'infanterie, qui estoient sous sa charge, à Marbourg, sur la rivière de Drave, dans la Styrie, où devoient aussy se trouver quatorze compagnies de cavalerie qui venoient d'Italie, où elles avoient esté envoyées par le Roy pour faire la guerre au Pape[1]; mais la paix ayant esté faite, le Roy s'en servit pour faire la guerre au Turc, qui sont deux choses bien différentes. Elles partirent de Parme sous la conduite de Bissy, passèrent sur l'Estat des Véni-

[1] Cette menace avait pour cause l'insulte faite au duc de Créqui, ambassadeur à Rome, par des soldats de la garde-corse.

tiens et par le comté de Tyrol, et vinrent passer à
Ráclesbourg, au lieu de Marbourg, parce que le rendez-vous avoit esté changé.

Je débarquai avec l'infanterie à Vienne, en Autriche,
capitale de l'empire, et comme la pluspart des soldats
avoient leurs armes en assez mauvais estat, tant par
leur négligence que par la fraîcheur du Danube, dans
lequel mesme ils avoient laissé tomber quelques-unes
de leurs armes, l'Empereur nous donna un quartier
de rafraîchissement à deux lieues de Vienne, nommé
Minquindorff, où, après nous avoir donné quelques
jours pour raccommoder nos armes, et nous remettre
en bon estat, il desira de voir les troupes du Roy. Ce
fut un grand desplaisir pour moy que la cavalerie ne s'y
trouvât pas, laquelle il auroit sans doute trouvée bien
plus belle que l'infanterie, quoy qu'il parut en avoir
esté fort satisfait; et, après avoir fait deux ou trois fois
le tour des troupes, il s'en alla disner à Luxembourg,
une de ses maisons, où il avoit fait préparer un grand
disner pour tous ceux de nous autres qui y voulurent
aller. Je ne m'y trouvay pas, parce que j'estois encore
foible de la goutte, mais le premier ministre de l'Empereur y régalla fort civilement et fort gayement tous
ceux qui y furent. L'Empereur disna seul, car personne
ne mange avec luy; ensuite il fut à la chasse, et y mena
tous les François qui avoient disné chez luy; et sur le
soir, il m'envoya trois cerfs qu'il avoit tué de sa main,
deux grands chariots, chargés de toutes sortes d'excel-
lentes provisions, et deux fort beaux chevaux.

Je partis, et, après avoir traversé l'Autriche, partie

de la Hongrie et la Styrie, je trouvay que les armées
chrestiennes estoient campées aux environs de Racles-
bourg, où la cavalerie françoise me vint aussi joindre.
Le lendemain du jour où toutes ces trouppes furent
jointes aux armées de l'Empereur, de l'empire et des
alliés, on eut avis que les Turcs, commandés par le
grand-visir, au nombre de plus de quatre-vingt mille
hommes, avoient dessein de passer le Raab, et d'entrer
dans les pays héréditaires, par la Hongrie, ce qui fit
prendre résolution au comte de Montécuculli, général
de l'armée de l'Empereur, de se détacher avec toute
la cavalerie pour aller apprendre la marche des Turcs.
Il me commanda de le suivre avec les vingt-six compagnies venues d'Italie, les quatorze qui venoient de
France n'estant pas encore arrivées. Il ordonna à l'infanterie de le suivre avec le canon et le bagage, marcha en diligence vers Saint-Godard, où il passa le
Raab, sur un avis qu'on luy donna que huit ou dix
mille Tartares l'avoient passé pour saccager la Hongrie, qui est au-deçà du Raab, et qu'ils n'ont encore
jamais passé, au moins depuis plus de cent ans. Il des-
cendit en costoyant la même rivière, et marcha vers
Kerment, où il croyoit avoir des nouvelles plus certaines des ennemis.

Comme l'on fut à une demie lieue de cette ville, on
entendit tirer plusieurs coups de canon, ce qui nous
fit avancer avec plus de diligence; nos généraux furent
assez surpris, en arrivant, d'y rencontrer toute l'armée
des Turcs qu'ils croyoient beaucoup plus éloignée.

Ils commençoient à asseoir leur camp, et les habitans

de Kerment, avec deux ou trois pièces de canon, du haut d'une meschante tour, qui deffend ce pont, les canonnoient de toutes leurs forces pour en disputer l'entrée et les éloigner du bord de la rivière. On ne pouvoit pas arriver plus à propos, mais Montécuculli auroit bien voulu ne s'estre pas engagé si avant, n'ayant que de la cavallerie, qui faisoit environ en tout douze mille chevaux; cependant, comme il ne pouvoit faire de pas en arrière, sans perdre la réputation des armes chrestiennes, et sans abandonner toute la Hongrie et une partie de l'Autriche, il distribua toute la cavallerie dans ses postes, résolu d'attendre l'événement de cette affaire-là. Notre armée, qui faisoit l'aile gauche, fut destinée à soutenir les dragons qui gardoient le pont de Kerment, pour deffendre deux ou trois passages au dessus et au dessous.

Cette journée se passa fort doucement; il y eut seulement quelques légères escarmouches de gens qui, par curiosité, approchoient de trop près le bord de la rivière; la nuit mesme fut sans alarmes, et tout le matin fut assez calme; lorsque tout d'un coup, sur le midy, les Turcs commencèrent à tenter le passage.

Leurs premiers efforts furent sur le pont; il n'estoit deffendu de leur costé que par une méchante barricade, sans aucun retranchement, de manière qu'ils n'eurent pas beaucoup de peine à forcer ceux qui la gardoient. Ils s'estoient déjà avancés jusques au milieu, et y avoient planté leurs drapeaux, lorsque j'y arrivay avec mes gardes et vingt volontaires. Ma personne, et ce léger secours, y fit dans un moment changer les choses de

face, car les Turcs, qui en estoient quasi les maistres,
en furent chassés avec perte de plusieurs des leurs; de
nostre costé, Saint-Heran ¹, mon cousin germain, y
fut tué, et mon capitaine des gardes blessé.

Les ennemis ne se rebutèrent pas du mauvais succès
de cette attaque, ils en entreprirent aussitost une autre,
beaucoup mieux concertée, par un endroit où une petite isle rend la rivière fort guéable. Ils y trouvèrent
un avantage considérable de leur costé, car ils pouvoient venir sans estre vus jusques sur le bord, au lieu
que, du nostre, nous ne pouvions aller à eux, ni mesme
nous mettre en bataille qu'à découvert; aussi sçurent-
ils bien profiter de cet avantage, car ils bordèrent tout
leur costé de mousquetaires, qui faisoient un feu de
diable, au lieu que nous n'y pouvions respondre du
nostre, faute d'infanterie.

Le sieur de Lachant commandoit la garde de ce jour-
là, qui estoit posée sur le bord de la rivière; ce fut
donc à luy à souffrir leur premier effort; mais il les
chargea si brusquement, tout autant de fois qu'ils voulurent tenter le passage, qu'ils furent obligés de se
retirer, et toujours en désordre.

Ce fut à une de ces escarmouches que le comte de
Sault fut légèrement blessé, Tréville dangereusement,
le chevalier de Saint-Aignan tué. Ce dernier ne fut
pas plustost tombé de son cheval, que quatre Turcs
se jettèrent dans la rivière le sabre à la main, pour luy

¹ François Charles de Montmorin-Saint-Herem, fut tué en défendant le passage du pont de Kermen, le 27 juillet 1664. (*Père Anselme,*
VIII, 820.) On prononçait *Saint-Heran.*

venir couper la teste, mais au lieu de l'emporter, deux des leurs laissèrent la vie sur le bord, et les deux autres furent noyés.

Comme cependant leur mousquetterie nous incommodoit fort, et nous tuoit des hommes dans les escadrons les plus reculés, je donnay deux ordres qui furent cause de l'heureux succès de cette journée; le premier fut de retirer deux petites pièces de canon de la tour de Kerment, et de les faire mener sur le bord de la rivière, et l'autre de faire mettre pied à terre à quelque partie de cavalerie. Ces deux ordres furent en mesme temps exécutés, et, quoique les armes de nos cavaliers ne fussent pas si avantageuses que celles des ennemis, ils firent cependant si grand feu, avec leurs mousquetons, que celuy des Turcs commença à diminuer; celuy du canon y étant joint peu après, ils abandonnèrent le dessein de passer et se retirèrent dans leur camp, laissant aux François l'honneur de la journée.

La nuit se passa sans aucune occasion, mais non pas sans alarmes; au point du jour, l'on vit les ennemis décamper et marcher vers la source de la rivière. Il fut aisé de juger, dès cette première rencontre, que les Turcs n'entendoient rien à la guerre, puisqu'ils ne s'estoient pas opiniastrés au passage dans une occasion si avantageuse; ils avoient là toutes leurs forces assemblées, et nous n'avions à leur opposer qu'une partie des nostres, encore toutes de cavalerie, et par conséquent moins propres à deffendre un passage; ils avoient des rivages et des haies, dont ils se couvroient, et nous estions exposés à leurs coups; ils avoient du

canon dont ils ne se servirent point, qui est le plus
grand secours dans ces sortes d'affaires, et nous n'en
avions que deux pièces de peut-estre dix ou douze
livres de balles; enfin on peut dire que ce fut un
aveuglément inouy de leur costé de ne s'estre pas servys
des avantages qu'ils avoient, et un bonheur très grand
à nous de ce qu'ils se battirent si foiblement, dans une
journée dont ils devoient sortir apparemment victo-
rieux.

Dès que les ennemis commencèrent à marcher, le
comte de Montécuculli envoya en toute diligence donner avis à l'infanterie, qui estoit retranchée à Saint-
Godard, de passer la rivière, ce qu'elle fit pendant
toute la nuit, et luy cependant continua avec la cavalerie d'observer les Turcs, qui arrivèrent proche Saint-
Godard, le 27 juillet; là, les deux armées commencèrent à se voir toutes deux en présence. A demie heure
de là, une autre rivière se jette dans le Raab, qui le
grossissoit de la moitié, et en montant un peu au-
dessus, ils l'auroient trouvé moins fort; nous marchasmes comme eux. Si les jours précédens nous avions
eu le plaisir de voir leur camp de si près que nous
distinguions tout ce qui s'y passoit, nous en eusmes ce
jour-là un divertissement beaucoup plus agréable, car
nous voyions, de quarante pas, défiler tout leur bagage
et marcher tous leurs chameaux. Jamais spectacle n'a
esté si agréable; tantost nous voyions un monde entier
de piétons, tantost des forests de lances, et puis un
moment après une foule de cavallerie, et ainsy se succéder les uns aux autres les corps différens qui com-

posoient leur armée, chaque troupe avec une multitude
de drapeaux, d'étendarts et de banderolles de différentes
couleurs, ou de diverses figures, et une quantité de
hautbois, de flutes et de tambours, qui composoient
une harmonie assez plaisante, et, quoyque les troupes
marchassent sans ordre et sans règle, dans cette cou-
fusion même, nous remarquions des beautés dont nous
estions charmés.

Comme nous eusmes fait une demie lieue en cet
estat, costoyant toujours la rivière, nous trouvasmes
celle de Laufaits qui se jette dans le Raab à Saint-Godart. Nous le passasmes sur un pont qu'on avoit fait
exprès, tant à cause de la longueur du défilé que parce
que nous n'avions décampé qu'une heure après eux,
mais M. de Montécuculli, qui avoit bien prévu l'embarras de ce défilé, avoit fait passer fort à propos, dès
le soir, les régimens de Nassau, infanterie, et Lorraine,
cavallerie. Quand nous arrivasmes en nostre camp,
nous trouvasmes les Turcs déjà campés et leurs tentes
tendues.

Leur camp, quoy qu'il fut extrêmement serré, tenoit
une grande lieue et demie, et on voyoit paroître au-
dessus de toutes les autres la tente du grand-visir, dans
un parc de très grande étendue, rempli de tentes de
toute la maison du grand-visir, qui paroissoient comme
de hautes tours auprès des autres de son camp. Là, ils
montrèrent pour la seconde fois leur ignorance à la
guerre, car, comme ils avoient pris le devant sur nous,
ils devoient, d'abord qu'ils furent arrivés au-dessus de
Saint-Godart, faire leurs efforts pour passer, où ils

auroient infailliblement réussy, n'ayant à combattre
que les deux régimens susdits, qui n'auroient pu estre
soutenus que trop tard, à cause de la longueur du défilé.
Ce même jour il se rendit un Transilvain, qui donnoit
à boire au grand-visir, et un capitaine italien, qui avoit
autrefois servy dans les troupes de l'Empereur, et qui,
ayant esté pris à Vesprin, s'estoit fait Turc, qui assu-
rèrent tous deux nos généraux que les ennemis devoient, dans le lendemain, faire un grand effort pour
passer la rivière et aller à Vienne, ce qui fit que je
visitay exactement les passages, et y mis de bonnes
gardes.

Les François faisoient l'aile gauche de l'armée, et
j'avois esté chargé, par Montécuculli, de garder la
ville et le cloistre de Saint-Godart, qui ne valent rien,
et un grand espace de païs, jusques aux troupes de l'armée de l'alliance; l'armée de l'empire estoit au milieu
et devoit deffendre ce poste que les Turcs attaquèrent,
derrière lequel il y avoit un petit village, d'environ
trente maisons, nommé Grostorff, qui estoit séparé
d'une rue qui alloit à la rivière et y faisoit un grand
gué, dont les bords estoient fort abattus.

L'armée de l'Empereur, qui estoit à la droite, devoit
conserver un assez grand pays, mais où il y avoit fort
peu de passages; il y avoit même un grand ruisseau,
qui séparoit l'armée de l'Empereur d'avec celle de
l'empire et des alliés, ce qui faisoit qu'encore que ces
deux dernières eussent esté taillées en pièces, celle de
l'Empereur se pouvoit retirer sans grand danger et se
mettre en sûreté. Les gens déliés et spéculatifs ont jugé

que, le jour de ce grand combat, Montécuculli se conduisit en homme qui vouloit conserver son armée, et
ne se soucioit pas trop des autres.

Au dos de nos armées il y avoit un grand bois sur le
haut d'une montagne assez relevée, qui serroit un peu
nos troupes.

Les choses estoient en cet estat lorsque, la nuit du
dernier juillet au premier aoust, les Turcs amenèrent
force gabions sur le bord de la rivière, vis-à-vis ce qui
estoit gardé par l'armée de l'empire; ils y dressèrent
une batterie de quatorze pièces de canon, et en mirent
deux autres sur une avance de montagne.

Le matin, qui estoit le premier jour d'aoust 1664,
comme j'estois campé sur une hauteur qui descouvroit
assez commodément dans le camp des Turcs, je jugeay,
par les mouvemens extraordinaires que j'y vis faire,
qu'ils se préparoient à quelque attaque. Je descouvris
mesme un corps de troupes très considérable qui
estoit derrière un bois, sans bransler. Cela m'obligea
à monter en diligence à cheval pour en avertir et en
conférer avec le comte de Holac, que je trouvay regardant la même chose, avec de grandes lunettes d'ap-
proche, qui nous firent encore bien mieux discerner
les objets, de sorte que nous ne doutasmes plus de
l'attaque, et conclusmes ensemble d'en aller avertir le
marquis de Baden, général de l'armée de l'empire.
Nous le trouvasmes dans son lit, et, quelque presse
que nous luy fissions, pour l'obliger à se pourvoir
contre ce péril éminent, nous n'en pusmes tirer autre
chose que ces propres mots : « S'ils passent, il faut

« donner dessus. » Nous voyant si mal satisfaits, nous fusmes trouver Montécuculli, auquel nous contasmes l'estat ou estoient toutes choses et la response que le marquis de Baden nous avoit faite. Il haussa les espaules et ne respondit rien : nous nous trouvasmes donc obligés de nous en retourner assez mal satisfaits dans nos quartiers.

Cependant les Turcs, après avoir fait leurs cris ordinaires, mais avec plus d'impétuosité, firent jouer leur artillerie vers les hauteurs. Sur les six heures du matin ils vinrent en foule escarmoucher sur le bord de la rivière pour la reconnoistre de plus près, ce qui fit enfin juger au marquis de Baden qu'il pouvoit estre attaqué. Il en envoya donner avis au comte de Montécuculli qui y envoya pour le fortifier les régimens de Nassau, de Kilmensee, d'infanterie, et celuy de cavalerie de Schmit, qui se mirent à droite ; mais tout cela se fit tumultueusement et en désordre, n'ayant pas voulu recevoir et se servir de bonne heure de l'avis que le comte de Holac et moy luy avions donné, trois heures devant.

Enfin, sur les dix heures du matin, les Turcs commencèrent leurs attaques, avec leurs hurlemens ordinaires, et leur grand feu espouvanta tellement l'infanterie, qu'elle se renversa sur la cavalerie et abandonna le passage. Le marquis de Baden et le comte de Waldek firent tous leurs efforts pour les rallier, et en remenèrent quelque corps vers les ennemis pour regagner le poste qu'ils avoient perdu ; mais après leur avoir fait une descharge fort légère, ces troupes prirent la fuite tout de nouveau et abandonnèrent leurs officiers, sans qu'ils pussent, du depuis, en faire retourner au combat la moindre partie.

Les troupes que Montécuculli avoit envoyées à leur secours estoient sur la droite, qui n'eurent pas une meilleure fortune; le régiment de Schmit plia, et les deux d'infanterie venant pour charger les ennemis, s'espouvantèrent tellement de la fuite de leurs camarades, qu'ils laschèrent le pied de leur costé, après fort peu de résistance, où le comte de Nassau fut tué et un nombre infini d'officiers de l'empire, et plus de quinze cents soldats, qui eurent tous dans un moment la teste coupée.

La fuite de cette armée toute entière, ce qui n'eut peut estre jamais d'exemple, augmenta la fierté des ennemis, qui firent une boucherie espouvantable, et commencèrent à s'eslargir dans la plaine, à mesure que le nombre augmentoit, et ne trouvant comme plus de résistance, ils s'emparèrent du village de Grostorff qui estoit entre la rivière et le camp.

Toute l'armée restoit à cheval, chacun dans son poste, mais avec une consternation espouvantable : le comte de Holac, avec ce qui restoit des alliés, fit mine d'aller charger les ennemis, dans le temps que le prince de Lorraine les attaquoit d'un autre costé, mais ils furent repoussés l'un et l'autre si vigoureusement, qu'ils y laissèrent un grand nombre de soldats et d'officiers.

Ce fut alors que Montécuculli se trouva dans une grande perplexité, et quoy qu'en habile homme il le cachât aux yeux de tout le monde, il ne me le dissimula pas; et, au lieu de me donner de ses troupes, il me demanda des miennes dans une conjoncture si pressante.

Quoyque j'eusse bien de la peine à dégarnir mon poste, qui estoit extrêmement dangereux, je ne pus cependant me deffendre de faire marcher les régimens d'Espagny et de Grancey, qui faisoient un bon bataillon; ces deux régimens chassèrent d'abord les Turcs de Grostorff, et les poussèrent jusques dans la place, à la réserve de quelques-uns qui aimèrent mieux se brusler eux-mesmes dans une maison que de se rendre; mais comme ils n'estoient soutenus que de cavalerie allemande qui plia, ils furent obligés de plier à leur tour, et se retirèrent en désordre derrière les hayes.

Les Turcs, cependant, passoient toujours la rivière, et à mesure que leurs forces s'augmentoient, ils s'eslargissoient à droite et à gauche, au lieu que dans nostre armée on voyoit desjà quelque effet de la peur, et les troupes impériales chanceloient dans leurs postes.

Dans cette pressante nécessité, il fut résolu unanimement de faire un dernier effort, et de périr ou de chasser les ennemis; en effet, il n'y avoit point d'autre ressource que celle-là, l'armée de l'empire estoit en fuite, la pluspart des soldats espouvantés, point d'espérance de retraite contre une armée, où il y avoit plus de cinquante mille chevaux.

Il fallut donc que les François se sacrifiassent pour le salut de tous, aussi bien ne pouvoient-ils éviter de

7

se trouver enveloppés dans la perte commune. Je mis mes troupes en bataille, pour aller aux ennemis. Les Turcs, qui virent bien qu'on les alloit attaquer, commencèrent à faire leur retraite qu'ils font d'une autre manière que les chrestiens, car ils se retirent en reculant en arrière, et montrant toujours le visage aux ennemis, de sorte qu'ils ne donnèrent pas le loisir aux troupes de se mesler avec eux; aussi n'en avoient-elles pas trop envie, mais seulement on les suivit de loin jusques à ce qu'ils se jettèrent tous dans la rivière de Raab, au mesme endroit où ils venoient de la passer. La plus grande partie se noya, et l'autre fut tuée par la descharge que les troupes leur firent, du bord de la rivière, quand ils se furent jetés dedans.

Jamais on n'a vu un spectacle pareil à celuy-là; dans un moment on ne vit plus d'eau, ce n'estoit qu'un cimetière flottant, ou une masse composée d'une multitude de corps d'hommes, d'armes, de chevaux meslés ensemble. Parmi cette confusion de gens qui se vouloient sauver tous ensemble, les uns se trouvoient accablés sous leurs chevaux, les autres emportés par la rapidité de l'eau, et les autres, voulant se sauver, noyoient leurs camarades et se noyoient eux-mêmes. Nos soldats se précipitoient après eux, pour achever ceux à qui il restoit quelque peu d'espérance de salut, et s'il en demeuroit quelqu'un sur le bord, c'estoit pour assommer ceux qui, après bien de la peine, taschoient de gagner le rivage.

Les Turcs perdirent quatre ou cinq mille hommes dans cette occasion, et douze pièces de canon qu'ils abandonnèrent de l'autre costé du Raab, et que nous prismes en les tirant de nostre costé avec des cordes qu'on y attacha.

Les chrestiens perdirent douze à quinze cents hommes allemands, des régimens de Nassau et autres, qui furent taillés en pièces sans se deffendre, lorsque les mescréans passèrent la rivière.

Depuis cette action, qui fut le 1er aoust 1664, le Grand-Visir, enragé de ce mauvais succès, où il perdit la fleur des jannissaires et quelques bassas, demeura deux ou trois jours à faire bonne mine et à nous canonner; après avoir néanmoins resserré son camp et quitté la moitié du terrain qu'il occupoit, tant cette perte l'avoit espouvanté; mais, de nostre costé, nous avions de si meschantes troupes, et en si petit nombre, que nous ne pusmes rien entreprendre.

Les troupes de l'Empereur doivent estre exceptées du nombre des meschantes troupes, car elles estoient fort bonnes, mais l'armée de l'empire ne valoit rien, et celle de l'alliance ne consistoit qu'en celle de France, car le reste estoit entièrement ruiné.

D'autre part, ce vieux renard de Montécuculli eut bien voulu, sans préjudice des intérêts de son maistre, que les troupes de France eussent reçu quelque grand échec, principalement après le combat, où elles acquirent une très grande gloire, et donnèrent une grande jalousie à l'Empereur et à ses troupes, lequel Empereur eut une fort grande joye de se voir délivré de nous par les ordres que le Roy nous envoya de retourner en France.

Voicy un secret que personne n'a sçu que moy, c'est

que tout le monde s'est imaginé que **Sa Majesté** n'avoit rappelé ses troupes qu'après que la paix fût faite avec le Turc, mais il est certain que le Roy n'avoit aucune nouvelle de cette paix, quand il retira ses troupes, et que c'estoit par un mescontentement particulier du mauvais traitement qu'on leur avoit fait. Mais dès que l'Empereur, ou son conseil (car c'est un bon prince), sçut l'ordre que nous avions de nous retirer, les choses changèrent de face, et jamais troupes n'ont esté si noblement, ou si généreusement régalées qu'elles le furent au retour, où rien ne manqua; tout fut fourni magnifiquement, vivres, chariots, logemens excellens et fort au large, petites journées, festins perpétuels, abondance de chair et de poisson, et de tout.

Nous prismes nostre route de Presbourg, par la Moravie, la Bohême, l'évêché de Ramberg, le Bas et le Haut-Palatinat, et nous vinsmes repasser le Rhin, entre Spire et Philisbourg, au même endroit où nous l'avions passé pour commencer nostre heureux voyage, qui sera éternellement à l'honneur de Louis XIV et de la nation françoise, et au grand avantage de la chrestienté, en particulier de l'Allemagne, et surtout de la Hongrie, qui eust esté entièrement saccagée, si nous eussions perdu ce combat. L'Empereur n'ayant point d'autre armée considérable, je ne sçay pas trop bien ce qu'il eût pu faire pour se tirer d'une aussi meschante affaire.

L'Empereur envoya, pour nous accompagner, le comte de Schellard, homme de qualité, qui avoit espousé la fille du feu général Beq. Il tenoit tous les jours une table de trente couverts, mais on y mangeoit

fort peu, parce que tout le monde estoit si bien logé
et si bien accommodé, chascun chez soy, que chascun
se reposoit et demeuroit à se réjouir en son particulier
dans son quartier; les logis, outre cela, estoient fort
éloignez les uns des autres. On prenoit quelquefois
jusqu'à soixante villages pour logement; cela estoit à
nostre discrétion de séjourner ou de marcher, car le
païs nous estoit abandonné, mais je puis dire que les
troupes y vivoient avec grand ordre, et qu'en ayant
des ordres exprès du Roy et très souvent réitérez, j'y
garday une si grande discipline, et avec une grande sé-
vérité (qui estoit très nécessaire en cette occasion), que
les troupes, qui ne demandent que le désordre et le
pillage, m'en sçurent fort mauvais gré, et se plaignoient
fort de moy sur des sujets inventez et faux, dont je ne
me mettois guère en peine, pourveu que le Roy fut
satisfait.

Mais si les troupes du Roy donnèrent de la jalousie
à l'Empereur, celui qui les commandoit en donna bien
davantage aux ministres de France, qui ne pouvoient
s'accommoder de la confiance que le Roy prenoit en
moy, et de l'inclination que Sa Majesté témoignoit
avoir pour moy, qui, ayant esté nommé du seul choix
du Roy, et n'ayant, ni ne voulant avoir d'autre pro-
tection auprès du Roy que le Roy luy-mesme, j'es-
prouvay que c'est une fort dangereuse maxime à un
particulier de ne s'attacher qu'au Roy et de ne vouloir
dépendre des ministres qu'en tout bien et en tout
honneur, car tost ou tard ces Messieurs-là viennent à
bout, et trouvent le moyen de traverser les honnestes

gens, qui ne le sont jamais pour eux, quand ils ne
sont point créatures de ceux qui gouvernent les affaires,
et qui ne sçauroient souffrir qu'autres que leurs créatures fussent employées dans le service.

J'arrivay à la Cour au mois de janvier 1665. Je vins
mettre pied à terre chez M. Le Tellier, qui n'estoit pas
content de moy, à cause de plusieurs démeslés que j'avois
eus avec un nommé Robert, parent dudit sieur Le Tellier. Je fus confirmé dans l'opinion que j'avois conçue
que, quand on n'est pas créature et très humble valet
des ministres, c'est temps perdu de s'attacher au service des Roys [1]. Je fus voir le mien dès le jour mesme,
au soir; il m'ordonna de l'aller trouver le lendemain
à dix heures du matin, pour avoir l'honneur de l'entretenir, et luy rendre compte de mon voyage. Je fus
parfaitement bien traité durant deux ou trois heures
que j'eus l'honneur d'entretenir Sa Majesté teste à teste;
le Roy me parut extrêmement satisfait de tout ce que
j'avois fait et de la conduite que j'avois tenue, et il me
dit qu'il me vouloit encore parler et m'entretenir, ce
qui ne fut pas fait. Il m'a toujours fait depuis fort bon
visage, et il avoit beaucoup d'inclination pour moy,
mais les intrigues de M. le Prince, et plus que tout la
jalousie des ministres, ont coupé chemin aux faveurs
que Sa Majesté me vouloit faire, et qu'il m'auroit faites,
me l'ayant promis de fort bonne grâce.

[1] Bussy-Rabutin a parlé de cette circonstance, qui nuisit beaucoup
au comte de Coligny. « Il s'étoit brouillé, dit-il, avec un intendant
« d'armée que M. Le Tellier lui avoit fort recommandé. » (*Mémoires
du comte de Bussy-Rabutin.* Amsterdam, 1731, II, 303.)

Une troisième chose m'a encore esté beaucoup nui-
sible, c'est la goutte qui me persécute tellement que
je ne suis plus en estat de servir; mais j'aurois esté fort
bien en estat de recevoir les grâces et les establisse-
mens que le Roy m'auroit voulu faire. J'attendis trois
ou quatre ans, sans jamais rien demander, et comme
je vis que la goutte consommoit mon corps, et que
le séjour de la Cour me ruinoit, car quand on n'a
point de bienfaits du Roy, on n'y sauroit demeurer
sans s'y ruiner; je pris la résolution, sans me plaindre
et sans rien dire, de me retirer chez moy, et d'y vac-
quer au rétablissement de mes affaires et de ma santé.
Je partis pour cet effet de Paris avec ma famille, mon
train, et tous mes meubles, et fort peu d'argent, pour
m'en aller en Champagne; et depuis ce temps-là,
j'ay passé une des parties de l'année, tantost en Champagne, chez ma femme, tantost en Bourgogne, chez
moy, joyeux et content, si la goutte ne m'avoit accablé
et mis depuis un an hors d'estat de marcher. Je n'ay
pas laissé d'aller de temps en temps à Paris et à la
Cour, où le Roy m'a toujours fait fort bon visage
et a fait de fort bonne grâce beaucoup de choses dont
je l'ai prié dans mes affaires particulières. Mesme,
en l'année 1675, il eut la bonté d'accorder à mon
fils aisné l'abbaye de Saint-Denis, de Reims, que
M. l'évesque d'Évreux [1] avoit remise ez mains de Sa
Majesté à cet effet. C'est une bonté que ce prélat a

---

[1] Henri Cauchon de Maupas Du Tour, abbé de Saint-Denis de
Reims et de l'Isle Chauvet, en Poitou, fut promu à l'évêché d'Évreux
en 1664, et mourut en 1680. Il était oncle de la comtesse de Coligny.

eue et qui est digne de sa générosité. C'est le plus honneste homme et le meilleur parent qui fut jamais, de
sorte que je luy ay l'obligation toute entière d'avoir
bien voulu se dépouiller de ce beau bénéfice, qui vaut
quinze mille livres de rente. Il faut avouer aussi que,
tous les bénéfices dépendant du Roy, je ne l'aurois pas
pu avoir sans la bonté que Sa Majesté a eue de l'accorder
à mon fils.

Maintenant je traisne ma vie avec un esprit gaillard
dans un corps fort usé. Je passerois ce reste de vie fort
heureusement, si j'avois un peu de santé, mais pour
m'exempter un peu de la goutte, qui pourtant ne
m'en persécute guère moins, je me suis réduit depuis
deux ans à ne manger viande, ni boire vin. Je n'ay pu
me mettre au lait, parce que j'y ay une aversion naturelle. Du reste je suis guéry, Dieu mercy, de l'ambition; je restablis le mieux que je peux mes affaires;
mes enfans seront assez accommodez et je ne suis pas
pauvre. Nous laissons jouir M. d'Évreux du revenu de
l'abbaye de Saint-Denis, par une juste reconnoissance,
et pour ce qui est de notre revenu temporel, il peut
aller à près de trente mille livres de rente. Il y a une
partie de notre bien qui donne de la peine à jouir,
parce qu'il est meslé dans les affaires du duc de Lorraine, notre parent. Cela nous embarrasse de temps en
temps, mais j'en viens toujours à bout, par la bonté
du Roy et les assistances de M. Colbert. J'espère que
la paix, qui est faite, nous donnera lieu de sortir tout-
à-fait d'affaires, et d'assurer nos biens à nos enfans,
sans leur laisser aucun embarras; car la suite du

temps fait qu'il en survient assez dans le monde; et
pour ce qui est de moy, au lieu de me plaindre de la
fortune et du Roy, je m'en veux louer, et dire les bienfaits que j'ay reçus, non pas de luy, mais de son règne.

  En 1652, mon père estant venu à mourir, on me
fit (quoique ennemy) donner la récompense, et mesme
le brevet de guidon de la compagnie des gendarmes du
Roy, qui me fut taxé à cinquante mille escus [1]; je tiray
encore de la charge quinze mille escus qui font en tout
soixante-cinq mille escus; la Reyne-mère me donna
encore le gouvernement d'Autun, qui vaut environ
quatre mille escus, plus le baillage de Charollois, qui vaut
deux ou trois mille escus. J'ay eu une autre fois sept
mille escus, et le Roy m'a fait toucher d'une rente que
j'ay sur l'hostel de ville environ cent mille francs que
je n'aurois jamais eus sans luy, parce qu'elle estoit saisie
par les créanciers de la maison de Lorraine, dont elle
vient, et dont le duc de Lorraine est garant; de sorte
que voilà environ cent mille escus que j'ay eus des
bienfaits du Roy; il est vray que les cent mille francs
sont à condition de les rendre, si j'y estois con-
damné, mais il en faut toujours revenir à ce que j'ay
desjà dit, qui est que le duc de Lorraine est mon parent,
et qu'il aura bien le moyen de payer, et surtout la paix
estant faite.

Voilà l'état de ma santé, de mes affaires, et de la
disposition de mon esprit; je n'en serois pas trop mal
satisfait, si j'en avois une autre bien plus nécessaire,
qui est celle de songer à mon salut; il est désormais

[1] Voyez plus haut, page 5o.

temps d'y penser, car estre malsain et avoir soixante
ans passés, depuis six mois, et par dessus cela une
goutte terrible qui m'a estropié un genou et la moitié
des doigts des deux mains; c'est un sujet assez raisonnable pour faire des réflexions sur le paradis, et sur
l'enfer; mais quoy? on a bien de la peine à dépouiller
le vieil Adam pour se revestir de la livrée d'un vray
chrétien. J'espère que Dieu me fera la grâce de prendre
le party de le servir, comme j'y suis obligé par tant de
raisons qu'il me seroit impossible de les pouvoir compter; car outre les obligations générales, j'en ay encore
de bien particulières de m'avoir conservé dans tant de
périls dans lesquels je fusse mort, et mort infailliblement damné, si j'y eusse succombé; et maintenant ce ne
sera que ma faute si je ne me sauve pas. Grand Dieu!
donnez-moi la grâce d'y travailler de ma part, et ayez
la bonté de faire le reste.

Fait au Cosson, le 5 de juillet 1678.

Signé COLIGNY.

Je me trouve obligé de faire connoistre de nouveau
que, quand on a suivy un bon maistre, on ne manque
jamais de s'en bien trouver; le Roy, outre l'abbaye
de Saint-Denis de Reims qu'il me donna pour mon
fils, en 1675, m'a encore donné, au mois d'octobre
dernier (1680), l'abbaye de l'isle Chauvet, en Bretagne, vacante par la mort de M. l'évesque d'Évreux [1],

---

[1] Il périt d'une chute, ayant été emporté par ses chevaux. (*Petits Mémoires.*)

dernier paisible possesseur, sans en avoir esté impor-
tuné, de sorte que j'ay des obligations à ce grand
Prince, le meilleur de tous les hommes, qui ne se
peuvent exprimer, de ce que n'estant plus en estat de
le servir, il continue tous les jours à me faire de nouvelles grâces, et ceux qui ont cru que l'autre abbaye
m'avoit esté donnée à la considération de M. d'Évreux,
ne pourront pas dire la mesme chose de celle-cy, que
je n'ay obtenue que trois mois après sa mort, et rien
n'y peut estre entré que la considération et la bonté
que Sa Majesté me fait l'honneur d'avoir pour moy.

Fait ce 26ᵉ février, au Cosson, l'an 1681.

Signé COLIGNY.

———

CECY EST MON TESTAMENT.

In nomine Patris, et Filii, et Spiritûs Sancti.

« L'estat des affaires et de mes dispositions estant changé par la mort de celuy de mes enfans que je destinois à suivre la profession des armes [1], comme ses prédécesseurs et moy avons fait, et à succéder aux biens que j'ay acquis, tant de mes père et mère que de mes travaux et bienfaits du Roy, mon maistre, j'ay reconnu par des marques infaillibles que Dieu veut que le nom et la maison de Coligny prennent fin dans ce siècle et dans ce temps icy; sur quoy, pour m'accommoder et me soumettre autant qu'il m'est possible aux décrets de la divine Providence, j'ay résolu de faire mon testament et ordonnance de dernière volonté, en la manière qui s'ensuit :

« Je révoque tous testamens que je peux avoir faits jusqu'à présent, et entends que celui-cy seul subsiste et ait lieu et force. Comme je me trouve dans un âge avancé, que j'ai fait quantité de voyages, et essuyé beaucoup de divers périls, aventures et blessures, qui m'ont souvent obligé à faire des testamens, dont je ne peux sçavoir ni le lieu ni le nombre, je me contente en termes généraux de révoquer tous testamens

[1] Le comte de Coligny perdit son plus jeune fils, le 30 juillet 1682. Il n'avait que quinze ans, et devait suivre la profession des armes, l'aîné ayant choisi l'état ecclésiastique.

faits, où ces paroles ne seront pas contenues : *Nolite confidere in principibus, in quibus non est salus* [1].

« Le nombre de ce qui reste de ma famille consiste en quatre enfans, sçavoir : Gaspard Alexandre de Coligny, abbé des abbayes de Saint-Denis de Reims et de l'isle Chauvet, et trois filles, dont l'aisnée s'appelle mademoiselle de Coligny, qui n'est point encore nommée, la seconde s'appelle mademoiselle Du Tour, qui n'est pas nommée, non plus que sa sœur aisnée, et la troisième s'appelle mademoiselle de Sémur, qui est nommée et s'appelle.... [2].

« La grande apparence qu'il y a que mon fils demeurera ferme dans le choix qu'il a fait de luy-mesme de

[1] Le texte choisi par le comte de Coligny exprime la pensée qui domine dans ses Mémoires, et qu'il a développée en les commençant (voyez page 2). On prenait alors assez souvent la précaution d'insérer, dans les testaments olographes, un texte de l'Écriture sainte, avec une clause qui annulait les actes de dernière volonté, dans lesquels il serait omis. Nous en avons eu sous les yeux un exemple d'autant plus singulier, qu'il s'est rencontré dans la même famille. Louise Françoise de Bussy-Rabutin, marquise de Coligny, craignait, et peut-être en avait-elle de puissantes raisons, que son père ne lui dictât des actes de dernière volonté. Pour parer à ce danger, elle inséra la clause suivante dans son testament du 8 septembre 1685 : « C'est icy mon testament que je « veux estre exécuté et valoir après ma mort, renonçant à toutes autres « dispositions à cause de mort, que je pourrois avoir faites cy-devant, « et à toutes celles que je pourrois faire cy-après, ou par force, ou « par des considérations aultres que je ne prévoy pas, lesquelles dis- « positions, aultres que celles-cy, je rends dès à présent nulles et de « nul effet, à moins que ces mots ne s'y trouvent : *Si Dieu est pour* « *moy qui sera contre?* quand même par les dispositions que je pour- « rois faire à l'avenir je renoncerois précisément à toutes clauses déro- « gatoires, etc. »

[2] Le nom est en blanc dans le manuscrit.

l'état ecclésiastique, librement et sans aucune contrainte, ce que je luy conseille sincèrement, comme le meilleur amy qu'il ait au monde, et qui par un grand âge et une grande expérience que j'ay des choses du monde et des misères de la vie, joint à la connoissance que j'ay que la révolution et la fin de la maison de Coligny sont arrivées, ce dont je pourrois donner beaucoup de preuves palpables, qui ne serviroient qu'à remplir le papier, et qui ne sont pas nécessaires à rapporter. Je dis donc que je conseille à mon fils, de demeurer dans l'état ecclésiastique, et sur ce pied-là, je fais la disposition de mes biens ainsi qu'il s'ensuit :

« Premièrement, en cas que mon fils continue à demeurer ferme dans la profession ecclésiastique, et considérant qu'en ce cas il a assez de biens pour subsister honorablement, tant de ses abbayes que de la donation qu'Anne Du Tour, sa mère, luy a faite de la terre et seigneurie de Cosson, en Champagne, je donne à mondit fils, Gaspard-Alexandre de Coligny, la somme de quarante mille livres, une fois payée, à prendre sur tous les effets les plus liquides de mes biens, de laquelle somme je le fais et institue mon héritier particulier.

« Je fais pareillement et institue mon héritière particulière mademoiselle Du Tour, ma fille, de la somme de trente mille livres, à prendre aussi sur les plus clairs effets de mes biens ; et aussi pareillement je fais et j'institue héritière mademoiselle de Sémur, Françoise de Coligny, ma fille, de la somme de vingt mille livres, à prendre aussy sur tous les plus clairs effets de mes biens, tant meubles qu'immeubles, et sans estre sujets à aucunes dettes. Toutes lesquelles sommes seront payées, pour une fois, par mes héritiers universels, ci-après nommés ; et de tous mes biens généralement, tant meubles qu'immeubles, je fais, nomme et institue mon héritière universelle mademoiselle de Coligny, ma fille aisnée, par manière d'institution et de substitution, avec prohibition et défense d'aliéner aucun meuble ni immeuble de ma succession, et avec défenses de faire aucun inventaire.

« Que s'il arrive que contre mon advis et contre ses propres intérests, tant spirituels que corporels, Gaspard-Alexandre de Coligny, mon fils, vienne à vouloir quitter la profession ecclésiastique, ce que Dieu ne veuille pas permettre par sa bonté et miséricorde, ne voulant pas néanmoins le deshériter, ni luy faire préjudice, l'aimant chèrement, en cas, dis-je, que mon fils veuille quitter l'Église, ou du moins la profession ecclésiastique, à laquelle il est si propre, et où il fera infailliblement mieux son salut, et sera mille fois plus heureux que dans le monde et dans la Cour, qui ne sont tous deux pleins que de trahisons, de misères, d'inquiétudes et de vices horribles, je l'institue mon héritier universel de tous les biens dont je mourray vestu et saisy, aux mesmes clauses, conditions, institutions et substitutions cy-devant mises pour mademoiselle de Coligny, ma fille aisnée, laquelle j'institue et fais mon héritière particulière, en ce cas, de la somme de cent mille livres, à prendre sur tous les plus clairs effets de mes biens. J'ordonne que mon fils choisira et prendra le party de l'Église, ou du monde, un an après

ma mort, à compter du jour qu'elle arrivera, et que,
cette année finie et révolue, il ne pourra plus profiter
de la substitution présente en sa faveur, et qu'il sera
obligé de s'en tenir à la somme de quarante mille livres,
comme j'ay dit cy-devant; car il ne seroit pas juste qu'il
jouist en mesme temps des biens de l'Église et de ceux
de ma maison, et que demeurant longues années dans
l'incertitude de son choix, il empeschast l'establissement
de mes autres enfans; en cas donc qu'il ait choisy dans
l'année susdite de prendre ma succession et de quitter
l'Église, je luy substitue sa sœur aisnée, mademoiselle
de Coligny, en cas qu'il vienne à mourir sans enfans[1], et

---

[1] Gaspard de Coligny, usant de l'option que son père lui avait laissée,
remit au Roi ses bénéfices et prit l'épée. Voici ce qu'on lit dans des
Mémoires récemment mis au jour : « Comme l'abbé de Coligny pa-
« roissoit ferme dans sa résolution, après la mort de son père, made-
« moiselle de Coligny, qui d'ailleurs étoit belle et bien faite, parut
« dans le monde comme un grand parti, et le marquis de Nesle, qui
« passoit aussi pour être fort riche, l'ayant fait demander en mariage,
« l'affaire fut conclue au contentement de tout le monde. Mais mal-
« heureusement l'abbé de Coligny changea de résolution, et, après
« avoir balancé quelque temps, il quitta ses abbayes pour prendre
« une épée. Quoique cela eût fort changé la destinée de mademoiselle
« de Coligny, le marquis de Nesle vouloit toujours l'épouser, mais on
« avoit bien de la peine à croire que son père, M. le marquis de Mailly,
« et encore moins la marquise, sa mère, voulussent consentir à ce
« mariage. » (Mémoires du marquis de Sourches, publiés pour la première fois par Adhelm Bernier. Paris, Beauvais, 1836, in-8°, II, 214.)
Ce mariage eut cependant lieu, et le contrat en fut passé le 22 avril 1687,
mais cette union dura peu. Blessé au siége de Philisbourg, le marquis
de Nesle mourut à Spire, le 18 novembre 1688, sans laisser de postérité, et la marquise, sa femme, le suivit de bien près, car elle mourut
à l'âge de vingt-six ans, le 17 août 1693. Quant à l'abbé, devenu
comte de Coligny, il fut mestre de camp du régiment de Condé-cava-

à elle, mademoiselle Du Tour, et à mademoiselle Du Tour, mademoiselle de Sémur, et en cas qu'ils viennent tous à mourir sans enfans, et leurs enfans sans enfans, je choisys et nomme pour mes héritiers universels les pauvres du grand Hôtel-Dieu de Paris, avec défenses à tous d'aliéner, de vendre, ni de partager aucunes des terres dépendantes, ou voisines de la Motte-Saint-Jean, ny aucun des meubles ni des bestiaux que je veux et entends qui demeurent unis à ladite terre, sans en estre jamais séparés, tant que la présente substitution aura lieu.

« Je veux estre enterré dans ma chapelle de la Motte-Saint-Jean, avec le moins de cérémonie que faire se pourra, ce que je laisse pourtant à la discrétion de ma femme, si elle me survit, ou de mes enfans. Je désire que, quand je seray mort, on fasse faire pour le salut de mon âme, qui en aura bon besoin, trois anniversaires : sçavoir, un en l'abbaye de Saint-Denis de Rheims, un à la Motte-Saint-Jean, et un autre au couvent des Picpusses de Digoin, en Charollois, et trois aumosnes universelles, qui seront faites à la Motte, les trois premiers jours des mois, ensuite de celuy dans lequel je seray décédé, à la manière et de la mesme façon de celle qu'on fait le jeudy de devant la Saint-Simon et

lerie, et mourut à Reims le 14 mai 1694, à l'âge de trente-deux ans, sans laisser d'enfants de son mariage avec Marie-Constance-Adelaïde de Madaillan, fille du marquis de Lassay. Ce mariage n'avait pas été heureux, ainsi qu'on peut le voir dans les lettres de madame de Coligny adressées à son père, que celui-ci a publiées dans la seconde partie de son *Recueil de différentes choses*, édit. in-4°, imprimée sous ses yeux dans son château de Lassay, vers 1727.

Saint-Jude, à la Motte-Saint-Jean, le tout pour cette fois seulement, et sans tirer à conséquence de fondation.

« Je veux et ordonne que madite héritière, ou mondit héritier, fassent bâtir, avec mes neveux, un hôpital à la Motte-Saint-Jean, suivant l'intention et la disposition de mon père, qu'ils sçavent fort bien, qui est chez un notaire à Bourbon, et que nous avons grand tort de n'avoir pas fait. Je les en charge et la conscience de monsieur le marquis de Coligny[1], mon neveu, de la faire exécuter.

« Je donne et lègue à chacun de mes domestiques, qui seront à mon service, une année de gages, outre ce qui leur sera dû au jour de mon décès.

« J'ordonne à mes enfans, s'ils trouvent que je possède quelque chose injustement, de le restituer, et de remettre aussi à mes sujets toutes les obligations qui seront au-dessous de vingt-cinq livres, par manière de charité, toutes lesquelles choses en général et en particulier, je veux et entends qu'elles soient exécutées selon leur forme et teneur.

« Fait à la Motte, en pleine santé, et dans le meilleur sens que j'aye eu de ma vie, le vingt-neuf novembre mil six cent quatre-vingt-deux; escrit et signé

---

[1] Gaspard de Coligny-Saligny, marquis de Coligny, neveu du comte de Coligny. Il paraît qu'après la mort du *marquis de Coligny*, qui avait épousé la fille aînée du comte de Bussy-Rabutin, et dont le fils a porté le titre de *comte de Langheac*, le marquis de Saligny reprit le titre de *marquis de Coligny*, sous lequel son oncle l'a ici désigné. Le marquis de Coligny avait accompagné le comte dans l'expédition de Hongrie; il est mort sans avoir été marié, et la comtesse de Montpeyroux, sa sœur, a été son héritière.

de ma main. Je donne la jouissance du revenu de tous mes biens à ma femme, sa vie durant, en cas qu'elle ne se remarie pas [1].

« *Signé* COLIGNY. »

C'est pourquoy je conseille à tous ceux qui verront cecy, s'ils veullent estre plus soigneux de l'utile que de l'honneste, de s'attacher toujours aux ministres préférablement à toutes choses et au Roy mesme; car, qui est bien avec les ministres, est toujours bien avec le Roy; pour moy, qui ay toujours suivy la maxime de ne m'attacher qu'au Roy, je ne m'en repens pas, quoyque je m'en sois fort mal trouvé, sans m'en plaindre de mon bon maître, que j'ayme et aymeray, quelque peu de bien que j'en aye reçu. Je ne me suis jamais plaint que d'un homme, et avec raison, qui est ce b..... et ingrat de prince de Condé, qui est le plus meschant homme du monde, malicieux, ingrat, avare, traistre, et qui n'a rien que de mauvais en luy et d'infâme, si vous en ostez la science militaire, accompagnée pourtant de plus de valeur que de grande science ny jugement, et qui n'a jamais gagné de victoire qui n'ayt plus cousté à la France qu'elle ne luy a profité, car c'est un bourreau qui envoye les gens à la boucherie, le plus souvent très mal à propos, témoin Senef; il est vray qu'il paye aussy de sa personne, mais ce n'est pas le tout, il faut autre chose que de ne songer qu'à faire tuer des gens; aussy le Roy ne se sert plus de ce boucher-là,

[1] Anne de Maupas Du Tour, comtesse de Coligny, mourut au château de La Motte-Saint-Jean, le 16 mai 1685. (*Petits Mémoires.*)

et fait fort bien ; car il faut qu'un b..... comme luy trouve enfin du malheur et en porte aux autres. Il a en son temps plus fait tuer de François, luy seul, que vingt des meilleurs généraux qui ayent esté en France, depuis trente ans. M. de Turenne, qui a plus rendu de services en deux campagnes, que le prince de Condé en toute sa vie, n'a pas tant perdu de gens dans les trois batailles qu'il donna, les deux dernières campagnes, ny dans toutes celles qu'il a données en sa vie que ce b..... de Condé en a fait périr dans les deux combats de Fribourg et de Senef, parce que M. de Turenne avoit une grande connoissance du pays, qui est une qualité essentielle, et l'autre est un étourdi et un écervelé, qui, sans aucune considération du pays où il se trouve, et sans humanité, envoye les gens à la boucherie.

FIN DES MÉMOIRES DU COMTE DE COLIGNY.

LETTRES

DU

COMTE DE COLIGNY

ET DE SON FILS

AU COMTE DE BUSSY-RABUTIN.

~~~~~~

I. DU COMTE DE COLIGNY
AU COMTE DE BUSSY-RABUTIN [1].

A Presbourg, ce 11 octobre 1664.

Vous êtes trop bon de vouloir un petit moment songer à moy; j'ay esté si occupé toute cette campagne que je n'ay pu vous rendre compte de tout ce qui se passoit en Hongrie.

Le Roy m'a envoyé un courrier en toute diligence pour m'ordonner de partir le 15 de ce mois, avec le corps que je commande, pour retourner en France; mais comme il y a bien des choses à ajuster par nos

---

[1] Cette lettre a été imprimée dans l'édition originale des *Mémoires du comte de Bussy-Rabutin*, Paris, 1696, in-4°, II, 388. Elle est aussi dans l'édition de ces Mémoires, Amsterdam, 1731, 3 vol. in-12, II, 303; mais elle a été supprimée dans l'édition d'Amsterdam, Gosse junior, 1768, 2 vol. in-12.

routes, je crains de ne pouvoir exécuter ponctuelle-
ment les ordres de Sa Majesté.

Nous allons bien pâtir dans une si longue marche,
et dans la plus rigoureuse saison, tandis que vous serez
en ruelle, auprès d'un bon feu, à tirer une prime, ou
à faire quelque autre chose. Je ne vous porte point
d'envie et souffre mes peines de bon cœur; je voudrois
même qu'elles eussent esté plus longues. Nous avons
esté si sots que nous avons fait la paix d'Hongrie; il
en est pour nous de cela comme M. de Bassompierre
jugeoit quand La Rochelle seroit prise. J'ay pourtant
affaire à un homme bien reconnoissant, et qui me
traite de la plus agréable manière du monde. Il m'avoit
donné généralement la disposition de toutes les charges
de mon armée, ce qui n'a jamais esté fait à aucun général, de sorte que dans le peu de temps que j'ay esté
icy, j'ai donné deux compagnies de chevau-légers. J'ay
esté bien tenté d'en prendre une pour moy, en imitant
celui qui se fit pape [1]; car peut-être que je n'auray
rien de si bon; outre que j'ay esté dix-huit ans capitaine de cavalerie, j'auroys esté bien aise d'avoir cela
pour m'amuser; mais enfin je ne l'ay pas fait.

Vous croyez peut-être que je n'ay rien à faire, parce
que je vous escripts une longue lettre, mais voicy la
quarantiesme que j'escripts de suite, parce que je dé-
pesche demain le courrier du Roy, et je seray bien aise
qu'il vous porte des nouvelles fraîches de votre, etc.

---

[1] Sixte-Quint.

II. DU COMTE DE COLIGNY A ..... [1].

A Presbourg, ce 12 octobre 1664.

Puisque vous voulez apprendre de moy le détail de
ce qui se passa à Saint-Godart, vous saurez que le dé-
tachement fut fait à bastons rompus, régiments après
régiments, une heure ou une heure et demie les uns
après les autres. Dès que j'en eus détaché deux je dis à
La Feuillade, qui étoit de jour, qu'il falloit qu'il y allast.
Il y alla et me vint redire un moment après que les
Turcs avoient repassé la rivière, je luy respondis que
j'avois peine à le croire, et qu'il s'y en retournast. De
là à quelque temps, moy toujours à la veille d'estre
attaqué par toute l'armée des Turcs, en bataille devant
moy à la portée du mousquet, on m'envoya demander
un troisième bataillon que je menay alors moy-mesme.
Je trouvay tous les généraux des armées en conseil sur
ce qu'ils auroient à faire ; et, comme nous consultions
là dessus, le comte de Valdeck, général de la cavalerie de l'empire, me vint dire en grande hâte que les

---

[1] Cette lettre n'a jamais été imprimée. Elle se trouve dans le manuscrit des Mémoires de Bussy-Rabutin, copié par le comte de Langheac, son petit fils, tom. III, f° 3 v°. Bussy ne nomme pas celui à qui
elle a été adressée, mais il dit qu'il en a pris copie sur l'original.
J'ai indiqué ce manuscrit des Mémoires de Bussy dans mon édition des
lettres de madame de Sévigné, Paris, Blaise, 1818, pag. 45 de la Notice bibliographique. Je ne connaissais pas alors l'écriture du comte
de Langheac.

Turcs alloient attaquer mon poste. J'y courus en diligence, et je trouvay qu'ils avoient fait quelque mouvement, mais qu'ils n'attaquoient pas. Je m'en retournay fort vite, et en un demi-quart d'heure que je mis à aller et venir, je trouvay que les Turcs s'étoient tous enfuis d'eux-mêmes, sans tirer, ni qu'on leur tirât un coup de mousquet.

Voilà comment l'affaire s'est passée, et si brusquement, que pas un seul officier général des trois armées ne s'y est trouvé. Et quand La Feuillade envoye des gazettes dans lesquelles il dit qu'il a fait des merveilles, il a menti, car c'est le plus grand poltron de France. Adieu.[1]

---

[1] Bussy, à la suite de sa copie, a mis cette observation :
« Ce qu'on peut dire sur cette lettre, c'est que Coligny étoit trop
« en colère quand il l'avoit écrite, mais que La Feuillade aussi n'avoit
« pas si bien fait à Saint-Godard qu'il l'avoit mandé. »

III. DU COMTE DE COLIGNY
AU COMTE DE BUSSY-RABUTIN [1].

A Paris, ce 15 mai 1667.

Je vis hier entre les mains de madame Du Bouchet [2] un caractère qui m'a tousjours plu, mais qui me fust plus agréable que jamais par les marques de vostre souvenir qui me sont chères au dernier point. Cela augmente la honte que j'ay d'estre demeuré pour vous dans un si long silence. Mais la peur de ne pouvoir pas assez bien dire combien je vous aime et combien je vous honore, m'a empesché de vous escripre, plus tost que ma paresse; et de plus il me semble que je dois estre en un certain estat auprès de vous, que je n'ay pas trop besoin de vous faire souvent des compliments pour vous persuader que je suis à vous plus qu'homme qui vive. Par-dessus tout cela je suis un peu glorieux : j'enrage que mon style et mon génie soient si fort inférieurs aux vostres, et je souffre de la peine que vous auriez de perdre un moment de temps à ne rien voir de tout ce que je voudrois que vous vissiez pour recevoir quelque satisfaction en lisant mes lettres, mais

[1] *Lettres de Bussy-Rabutin*, tom. 1er, pag. 64, édition de 1768. Cette lettre n'y est imprimée qu'avec de grands retranchements ; elle est ici complétée d'après le manuscrit du comte de Langheac.

[2] Marie Nevelet, femme de Jean Du Bouchet, marquis de Sourches, grand-prévôt de France.

pour finir tout ce galimatias, auquel je me suis embarqué mal à propos, je passe aux nouvelles.

Je ne vous en saurois dire de plus fraîches que le mariage de M. le duc de Guise avec mademoiselle d'Alençon, qui se vient de faire à Saint-Germain '. On les a fiancés dans la chambre du Roy; on les a mariés dans la chapelle, et ils coucheront ce soir ensemble dans le château neuf, ou bien il ne tiendra qu'à eux.

La maison de Lorraine est fort fière de cette haute et extraordinaire alliance, qui l'élève autant qu'elle abat celle des Longueville et beaucoup d'autres; cela ne sera pas trop agréable à madame la Princesse ² de donner la serviette et de n'avoir qu'un pliant devant une duchesse de Guise. Il y a beaucoup d'autres sujets de chagrin que je veux taire pour éviter prolixité.

Le Roy part demain pour son entreprise de Flandres; il a aujourd'hui baisé toutes les dames qui demeurent, entre autres madame de la Baume ³, qui l'a

___

' Isabelle d'Orléans, demoiselle d'Alençon, fille de Gaston, épousa Louis-Joseph de Lorraine, duc de Guise.

² Claire-Clémence de Maillé-Brézé, princesse de Condé, n'eut pas longtemps à éprouver ce dégoût, car elle fut reléguée à Châteauroux, par le prince son mari, le 11 février 1671.

³ Catherine de Bonne, femme de Roger d'Hostun de Gadagne, marquis de la Baume, sénéchal du Lyonnais, de la maison de Lesdiguières, branche d'Auriac. Bussy l'a comptée au nombre de ses maîtresses; mais il lui voua la haine la plus prononcée, l'accusant d'avoir été cause, par son indiscrétion, de la publication des *Amours des Gaules.* (*Lettres de madame de Sévigné*, Paris, Blaise, 1818, in-8°, I, 136.) Aussi avait-il placé cette devise au bas de son portrait : « La plus jolie « maîtresse du royaume, si elle n'étoit la plus infidèle. » (*Souvenirs d'une visite aux ruines d'Alise et au château de Bussy-Rabutin*, par M. Corrard de Bréban. Troyes, 1833, in-8°, pag. 25.)

entretenu, et qui, à mon avis, n'en a pas eu grande
satisfaction. Après l'avoir quittée assez brusquement,
il s'est avisé, après avoir salué toutes les dames, qu'il ne
l'avoit pas saluée ; il est revenu à elle et l'a baisée, pour
ne lui pas faire la honte de la laisser toute seule sans la
favoriser d'un baiser.

La Reine va jusqu'à Arras, et madame la duchesse
de Vaujour, ou de La Vallière, dont la fille est légitimée de France et s'appelle Marie-Anne, ou Anne-
Marie ',

> Car il n'importe guère
> Que Pascal soit devant, ou Pascal soit derrière '.

Tout ce que vous avez vu de la magnificence de Sa-
lomon, ou de la grandeur du roi de Perse, n'est pas
comparable à la pompe qui accompagne le Roy dans
son voyage. On ne voit passer par les rues que pana-
ches, qu'habits dorés, que chariots, que mulets su-
perbement harnachés, que chevaux de parade, que
housses brodées de fin or, que gens étourdis qui se
heurtent, en allant et venant chercher ce qu'il leur
faut pour parfaire leurs équipages. Pour moy, qui suis
plus posé, j'ay composé un équipage du débris de celuy
que j'avois il y a deux ans, au grand soulagement de

' Marie-Anne de Bourbon, légitimée de France, dite *Mademoiselle
de Blois*, née le 2 octobre 1666, mariée au prince de Conti, en 1685.
  ' Allusion à ces vers de Scarron :

> Dom Zapata Pascal,
> Ou Pascal Zapata, car il n'importe guère
> Que Pascal soit devant ou Pascal soit derrière.
> (*Dom Japhet d'Arménie*, acte II, scène 1.)

ma bourse, et je vais être tesmoin des conquestes du
Roy. Je n'ay ni office, ni bénéfice, mais j'ay le plaisir,
à l'âge de quarante-neuf ans, de faire le mestier de volontaire que je n'avois encore jamais fait. Il me semble
par là que je sors de l'Académie. Cela me resjouit extresmement, et d'autant plus que le Roy m'a fait l'honneur de me permettre de faire ce voyage, dont je lui
suis extraordinairement obligé. Je laisse à madame Du
Bouchet à vous dire les nouvelles fines et délicates [1], à
quoy je ne suis pas propre.

Je voudrois bien que vous missiez en exécution le
dessein que vous avez projetté de venir participer à nos
victoires. Je vous assure que de tous les *héros* qui com-

---

[1] Madame Du Bouchet écrivit à Bussy-Rabutin, le 21 mai 1667, une
lettre conservée dans le manuscrit de Langheac. Nous en extrairons les
nouvelles que le comte de Coligny annonce ici au comte de Bussy-
Rabutin : « Je vous diray que le Roy partit lundi avec la Reyne et
« madame la duchesse de La Vallière, qui demeurera à Mouchy. Vous
« savez que sa fille a été annoncée et nommée Marie-Anne de Bourbon.
« Tous les courtisans, les officiers et les volontaires sont partis avec
« des équipages somptueux : on compte trente mille chevaux, seule-
« ment à ces équipages, et on dit qu'on sera obligé d'en renvoyer la
« moitié, de peur d'estre affamés, les Flamands ayant fait enlever tous
« les foins et tous les bleds des campagnes. Le Roy ne laisse pas de
« marcher en avant, et ne sçait pas encor précisément où il veut aller.
« Au reste, les grandes nouvelles de Paris sont les mariages de made-
« moiselle d'Alençon et de M. de Guise, et de M. de Saint-Géran avec
« Mademoiselle de Monfréville, une riche héritière de Normandie.
« Ils sont si contents tous quatre et si heureux, que c'est merveille.
« Ils n'ont pas cela de commun avec bien des gens. Le bruit avoit
« couru que M. de Vardes revenoit, mais il n'en est rien, ce qui
« console un peu la maison de Gramont, dans le temps où le Roy a
« refusé au mareschal le retour du comte de Guiche, pour servir à la
« tête du régiment des gardes ». Dans une autre lettre de Madame Du

posent notre formidable armée, il n'y en auroit pas un
qui eut autant de joie de vous y voir que moy. Je vous
prie de m'excuser si je me mets de ce nombre; mais
que voulez-vous? il y en a tant, que je pourray passer
parmi les autres, sans qu'on y prenne garde.

Adieu, mon très-cher cousin, croyez bien que c'est
du meilleur de mon cœur que je suis, etc.

Bouchet à Bussy-Rabutin, du 1er juillet, très-imparfaitement publiée
dans les lettres de Bussy, t. Ier, p. 78, il est question du siége de
Tournay, où un page du prince de Condé eut son cheval tué à côté du
Roi, comme on le voit dans le beau tableau de Vandermeulen : « Je
« ne doute pas que vous n'ayiez bien de la joie de toutes les prospé-
« rités des armes du Roy; sa présence fait beaucoup plus d'effet que
« le nombre et la valeur de ses troupes ne feroient sans elle, car dès
« qu'il a paru devant Tournay les armes sont tombées des mains de
« ses ennemis. Vous aurez appris les particularités de ce siége par mille
« relations, et je ne doute pas qu'on vous ait mandé que le Roy est
« allé à la tranchée, qu'il a regardé par dessus et qu'il a fait toucher
« la palissade de la contrescarpe à Monsieur. En vérité, il est bien glo-
« rieux pour ce grand prince d'aller dans des lieux aussi périlleux. Il
« a eu un page tué à ses côtés; les poltrons ne trouveront pas leur
« compte avec lui, car il faut marcher droit. Le maréchal de Gramont
« ouvrit la tranchée à la tête du régiment des gardes, accompagné de
« Messieurs de Rohan et de Luxembourg. Ce dernier avoit demandé
« la fille dont on croyoit que Madame Colbert fût grosse, mais par
« malheur elle n'a eu qu'un fils........ On a assiégé Courtray, et le se-
« cours que les ennemis y envoyoient a été entièrement défait par
« M. de Lillebonne, de sorte qu'on dit que cette place suivra bientôt
« l'exemple de Tournay. » (*Mémoires manuscrits de Bussy-Rabutin.*)

IV. DU COMTE DE BUSSY-RABUTIN
AU COMTE DE COLIGNY [1].

A Bussy, ce 18 mai 1667.

Vous avez raison de croire que vous n'avez pas besoin de grands soins pour entretenir notre amitié; depuis que l'estime l'a une fois établie, elle subsiste toute seule, et quand on se revoit après une longue absence pendant laquelle on ne s'est point écrit, on est ensemble comme si on s'étoit écrit tous les jours. Il n'y a que des maîtresses de qui il faut exiger ces sortes de régularité, parce que la fragilité du sexe est si grande qu'on ne peut prendre trop de précautions avec lui.

Au reste je n'ai rien à répondre aux louanges que vous me donnez, sinon que vous autres courtisans vous êtes de grands flatteurs; mais comme dit l'italien, quoiqu'on le voye bien, vous ne laissez pas de plaire.

Il est certain, pour répondre à vos nouvelles, que le mariage de M. de Guise fait enrager bien des gens. Chacun a ses mortifications, et je vous assure que quand je vois les grands princes avaler mille couleuvres [2], cela raccommode bien la Fortune avec moy, de

---

[1] Cette lettre inédite est tirée du manuscrit de Langheac, indiqué plus haut.

[2] Ce trait est principalement dirigé contre la maison de Condé. On

laquelle autrement j'aurois grand sujet de me plaindre.

Je comprends fort bien que le baiser du Roy, à qui vous me mandez, n'a été qu'un baiser de pitié, car je tiens le goût de notre maître trop délicat pour prendre plaisir à baiser la La Baume.

Adieu, mon cher cousin, soyez bien persuadé, je vous prie, que personne ne vous aime et ne vous estime plus que je fais.

en pourra juger par une lettre inédite de la marquise d'Epoisses à Bussy-Rabutin, que ce dernier rapporte ainsi dans ses *Mémoires* : « Le prince de Condé s'étant entremis dans la jouissance de la terre « d'Epoisses, en vertu du fidéicommis que lui en avoit fait M. de Gui- « taud, j'en fis mon compliment à la marquise d'Epoisses, sa mère, « qui me fit cette réponse :

A Paris, ce 24 mai 1667.

« Vous avez ressenti autrefois, Monsieur le Comte, une petite ex- « périence de la justice de cet homme dont il s'agit. Ce n'a pas été à « son honneur et gloire, non plus que le coupe-gorge qu'il m'a fait, « dont tout le monde lève les épaules. Cela a si mal tourné pour lui « que la Reine même m'a fait l'honneur de m'en parler fort obligeam- « ment. Je vous rends grâces de toutes vos bontés, mais si vous ne « les aviez pas pour moi, j'aurois été fort attrapée ; je m'y attendois, « car il vous seroit bien difficile de trouver une personne qui vous « honorât, j'ai bien envie de dire aussi, qui vous aimât plus que je « fais. Le mariage de Mademoiselle d'Alençon fait bien enrager l'hôtel « de Condé et j'en suis bien aise. » (*Mémoires manuscrits de Bussy-Rabutin*, déjà cités.) Le prince de Condé avoit fait d'Epoisses une maison-forte, et il n'avait consenti à l'exécution du fidéicommis qu'a- près le remboursement de toutes les dépenses que les fortifications avaient entraînées.

~~~~~~

V. DU COMTE DE COLIGNY
AU COMTE DE BUSSY-RABUTIN [1].

A Étang, ce 25 juillet 1674.

Vous incommoder et perdre deux heures de ma journée, ce sont deux choses dont j'ay cru que je pouvois bien me passer. A cela près vous ne laisserez pas de croire que je suis tousjours à vous du meilleur de mon âme.

J'apprends que vous devez aller bientôt à la Cour; si vous en êtes bien aise, et moy aussy; mais comme je ne vous ay pas cru beaucoup à plaindre quand vous n'y avez pas été, je ne crois pas aussy qu'il y ayt grande matière de réjouissance pour ceux qui y sont. Pour moy, qui y vais quand il me plaist, j'y vais fort rarement, et je gouverne ma goutte avec beaucoup de repos et de grandes douleurs, qui me font enrager les deux tiers de l'année. Tout podagre que je suis, c'est avec une très-forte passion de vous rendre les très-humbles services que vous a voués et promis, mon très-cher cousin, votre, etc.

[1] *Lettres de Bussy-Rabutin*, Amsterdam, 1768, III, 174.

VI. DU COMTE DE BUSSY-RABUTIN
AU COMTE DE COLIGNY.

A Chaseu, ce 19 septembre 1674 [1].

Est-ce vous, mon cher cousin, qui passez à ma porte à l'entrée de la nuit sans venir coucher chez moi? Quoy! mon parent, mon amy, qu'il y a dix ans qui ne m'a vu, me faire un tour comme celui-là! Allez, vous ne méritez pas les reproches que je vous fais; ils sont trop tendres pour une pareille action. Quand vous n'auriez pas eu le plaisir que vous devriez avoir de me revoir, je vous aurois dit mille nouvelles sur lesquelles nous aurions fait mille réflexions. Nous nous serions montrés l'un à l'autre la fermeté avec laquelle nous soutenons notre mauvaise fortune. Mais enfin puisque tout cela vous est indifférent je me contenteray de vous dire Adieu.

[1] *Lettres de Bussy-Rabutin.* Amsterdam, 1768, III, 191.

VII. DU COMTE DE BUSSY-RABUTIN
A L'ABBÉ DE COLIGNY.

A Chaseu, ce 29 mai 1686 [1].

Je vous suis extrêmement obligé, Monsieur mon
cousin, du détail que vous me mandez de vos affaires,
et du party que vous avez pris de rester dans l'église,
où le ciel et Monsieur votre père vous ont destiné. Je
trouve que c'est le meilleur party pour vous, non-seu-
lement parce que le service de Dieu, auquel votre profession vous attache, est préférable à celui de tous les
princes de la terre, mais encore parce que vous en-
treriez un peu trop tard dans le service.

Les considérations qui pouvoient traverser le dessein que vous avez pris, étoient de voir par là éteindre
votre maison; mais cette raison me semble si foible,
que je ne pense pas qu'elle vous ait donné beaucoup
de peine à vaincre; car combien voit-on de gens ma-
riez qui n'ont point d'enfants, ou qui n'ont que des
filles? et d'ailleurs en quelque lieu que soient nos parents, il ne leur importe guère que leurs noms soient
finis ou qu'ils continuent, et il vous importe fort de
vous sauver. Vous êtes dans ce chemin-là, mon cher
cousin, bien plus assurément que si vous étiez marié.
Je vous y souhaite toutes sortes de douceurs, et que
vous me croyiez, etc. [2]

[1] *Lettres de Bussy-Rabutin*, déjà citées, V, 151.

[2] Il est difficile de croire que Bussy ait pensé un seul mot de ce
qu'il écrit ici à l'abbé de Coligny.

VIII. DU COMTE DE BUSSY-RABUTIN AU COMTE DE COLIGNY.

A Chaseu, ce 18 mars 1690 [1].

Je vous ay desjà tesmoigné en d'autres rencontres, Monsieur, que l'alliance et l'amitié qui étoient entre feu Monsieur votre père et moy m'obligeroient toute ma vie à prendre part à ce qui vous arriveroit. Le sujet du compliment que je vous fais aujourd'hui me lie encore plus à vous. Vous prenez une femme dans une maison où j'ay mis ma fille [2]. Vous voyez bien que ce redoublement de parenté nous doit encore unir davantage. Pour vous parler maintenant de la grandeur de cet établissement, je vous diray qu'il n'y a point d'officier de la couronne qui ne fut bien heureux de trouver un aussy grand party, pour la naissance et pour le bien, que celuy que vous rencontrez. Je ne vous dis rien du mérite de la personne, cependant j'ay ouy parler d'elle comme d'une des plus jolies filles de France; bien de l'esprit et beaucoup d'agréments ne gâtent point un ménage. Encore une fois, mon cher cousin, j'en suis ravi.

[1] *Lettres de Bussy-Rabutin*, VI, 127.

[2] Marie-Thérèse de Rabutin, fille du comte de Bussy-Rabutin, et filleule de madame de Sévigné, avait épousé Louis de Madaillan de Lesparre, marquis de Lassay. (Voyez le *Recueil de différentes choses* publié par le marquis de Lassay, Lausanne, 1756, IVe part., pag. 90.) Le comte de Coligny venait d'épouser Marie-Constance-Adélaïde de Madaillan de Lesparre, fille du marquis de Lassay,; la fille de Bussy-Rabutin était sa belle-mère.

IX. DU COMTE DE COLIGNY
AU COMTE DE BUSSY-RABUTIN.

A Paris, ce 28 mars 1690 [1].

Je vous suis très-obligé, Monsieur, de l'honneur que vous m'avez fait et de la part que vous avez pris à mon mariage. Je suis très-aise que vous l'ayez approuvé et d'être rentré de nouveau dans votre alliance par l'honneur que j'ai d'être bien proche de madame votre fille. C'est une personne d'un si grand mérite qu'on ne la sauroit connoistre sans l'estimer. Pour moy je la respecte infiniment; elle en a si bien usé dans cette occasion, que j'en aurai toute ma vie de la reconnoissance. Je vous supplie, mon cher cousin, de me continuer tousjours vos bonnes grâces. Je vous les demande avec instance, et de me croire, etc.

[1] *Lettres de Bussy-Rabutin*, VI, 128.

FIN DES LETTRES DU COMTE DE COLIGNY.

AVERTISSEMENT

SUR LES DEUX PIÈCES SUIVANTES.

———

Le comte de Coligny, en rapportant dans ses Mémoires une des circonstances les plus délicates de sa vie, exprimait le regret de n'avoir pas conservé de copies du placet au Roi et du mémoire remis à M. Le Tellier, pour obtenir justice de M. le Prince, qui refusait de l'admettre à prendre part aux deniers envoyés par le roi d'Espagne. A défaut de copies, le comte donne l'esprit de ces deux pièces, autant que sa mémoire a pu le lui fournir. « Ce « placet, dit-il, fit un furieux bruit dans le monde, où il « avoit été rendu public, je ne scays comment, car, je n'en « ay jamais fait de copie, bien loin d'en avoir donné, et il « y a quelque apparence que ce furent les ministres eux- « mêmes qui le firent courir. Je ne voudrois pas jurer « qu'ils n'en eussent eu l'ordre, ou du moins le consen- « tement [1]. »

M. le Prince ressentit comme une grave injure cette demi-publicité donnée au placet. Il éclata en menaces. Coligny se bornait à répondre que par un sentiment de respect, il éviterait de se trouver en la présence du Prince, mais que si celui-ci s'oubliait au point de l'outrager, il le tuerait in-failliblement, sans s'embarrasser des conséquences. Condé, dans l'excès de son irritation, alla trouver M. Le Tellier, et le pria de demander au Roi justice contre Coligny, qui disait partout qu'il le tuerait. Le ministre reçut l'ordre de faire

[1] *Mémoires*, p. 72.

expliquer le comte, qui s'empressa de rétablir les faits dans un mémoire succinct où tout ce qui s'était passé entre M. le Prince et lui était sommairement exposé. Le Roi en ayant été satisfait, chargea Le Tellier d'engager le prince de Condé à mettre un terme à ses menaces. Le mémoire eut le sort du placet, il en circula des copies que les curieux s'empressèrent de recueillir.

L'impression des Mémoires du comte de Coligny était terminée depuis quelque temps, quand M. Ravenel, l'un de MM. les conservateurs-adjoints de la Bibliothèque royale, eut la complaisance de nous prévenir qu'il venait de retrouver la copie du placet et du mémoire parmi les manuscrits de Baluze [1]. Nous nous sommes empressé de recueillir ces deux pièces, et nous les joignons aux Mémoires de Coligny, dont elles forment le complément le plus indispensable.

[1] Bibliothèque royale, fonds de Baluze, 7e armoire, 13e paquet.

(Mars 1843.)

PLACET PRÉSENTÉ AU ROI
PAR LE COMTE DE COLIGNY.

Sire,

Le comte de Coligny représente à Vostre Majesté que Monsieur le Prince lui veut oster douze mille escus qui lui ont esté accordez par les ministres de Vostre Majesté et ceux du Roy d'Espagne, pour le desdommager des pertes qu'il a faites dans ce party. Cela est de grande conséquence, Sire, qu'aux yeux de toute la France, Monsieur le Prince veuille retenir tyranniquement les gens de qualité dans ses intérests, ou qu'il veuille les persécuter, quand ils rentrent dans leur devoir et s'attachent au service de Vostre Majesté, ne voulant laisser toucher l'argent qu'à ceux qui sont demeurez avec luy, comme s'il estoit en France le dispensateur des bienfaits du Roy d'Espagne, et comme si c'estoit autant de pensionnaires et autant de créatures qu'il voulût conserver et entretenir au Roy Catholique. Ce que je demande, Sire, est l'exécution d'un des articles de la paix que Monsieur le Prince veut cacher, et que tout le monde sçait.

Ce seroit un exemple dommageable au service de Vostre Majesté, que le seul homme qui s'est peut-estre remis de bonne foy à vostre service, soit traitté avec tant d'injustice et de violence. Ce n'est pas un effet de la modération que Monsieur le Prince affecte et

qui ne luy est pas naturelle et ordinaire : Monsieur le
Prince allègue, Sire, deux raisons; l'une, que je l'ay
quitté de mauvaise grâce, l'autre, que je retiens des
charges qu'on a voulu me donner pour récompense.
A la première je répons qu'il devroit plustost se souvenir de treize ans de services, rendus de si bonne
grâce, qu'à un adieu d'un quart d'heure, contre son
gré; et à l'autre, Sire, que ce n'est point à lui à s'en-
quérir des libéralitez du Roy d'Espagne, et que je n'ay
pas esté obligé d'avertir qu'on m'ostat le gouvernement d'Autun, qui est dans nostre maison, il y a plus
de quarante ans, et qui ne vaut que quatre cents livres
de gages; mais ce ne seroit pas là les plus grandes
pertes que je pusse faire : l'espérance d'une grande fortune, après quinze ans de services rendus, ou au feu
Roy vostre père, ou à Vostre Majesté, avec honneur
et quantité de blessures, quarante mille escus sur la
charge de Guidon des gensdarmes de Vostre Majesté,
qu'on m'obligea de donner à Chalmazel à vil prix, et
tant de désordre dans mon bien, valent bien douze
mille escus de récompense; aussi n'est-ce que le prétexte; mais, Sire, la véritable cause, c'est que j'ay fait
voir à toute la France l'ingratitude de Monsieur le
Prince, et que je suis un exemple à toute la noblesse
de vostre royaume de ne s'attacher jamais qu'à Vostre
Majesté.

MÉMOIRE REMIS PAR LE COMTE DE COLIGNY A M. LE TELLIER.

J'apprens que dans l'affaire que j'ay avec Monsieur le Prince, beaucoup de gens me font parler, et que lui-mesme, pour avoir prise sur moy et prétexte de sous-tenir l'injustice qu'il me vouloit faire, me fait dire bien des choses dont je ne suis pas capable.

J'ay résolu sur cela de faire un mémoire de ce qui s'est passé depuis le jour que je me séparay de ses in-térests, qui fut avec toute la soumission et le respect que je devois à sa qualité, et sans mesme prononcer un mot de plainte.

Cependant j'appris depuis et entendis mesme le lendemain, dans le cabinet de la Reyne-Mère, que Monsieur le Prince se plaignoit de moy à quantité de gens qu'il avoit assemblés autour de luy, dont M. Bo-hier, premier maistre d'hostel de Monsieur, en es-toit un.

Voyant qu'il prenoit le party de la plainte et de me descrier, je me sentis obligé de justifier ma conduite devant le monde, et de faire connoistre une partie des sujets que j'avois eus de me séparer de luy dans un temps où je croyois avoir satisfait à mon honneur, et où je pensois qu'il m'estoit libre de suivre mon incli-nation et de me remettre au service du Roy, que j'avois eu tant de regret de quitter.

Depuis insensiblement les choses se sont aigries, et j'ay essayé de temps en temps de me défendre sur ce que j'apprens tous les jours que mondit seigneur disoit à mon désavantage, et pour m'oster la considération et l'estime dont on doit estre si jaloux.

J'avoüe que dans l'indignation que j'ay eue de voir tant de fidélité si mal reconnüe, tant de services si mal récompensés, j'ay porté ma défense un peu loin : mais il y a des choses si sensibles qu'il est difficile de garder toute la modération qu'on voudroit, et particulièrement sur le chapitre du mestier dont on fait profession, et dont on croit s'estre acquitté avec quelque approbation et quelque honneur

Il arriva donc il y a quelques jours qu'on me rapporta que Monsieur le Prince disoit que j'estois un fort meschant officier de guerre.

Je respondis à cela que, si Monsieur le Prince avoit dit que j'estois un fort meschant courtisan, je n'aurois rien eu à dire là-dessus, mais que je m'estonnois fort qu'il me voulût dauber sur un sujet dont il avoit tiré tant d'avantage, et que je n'estois pas si meschant officier que je n'eusse sçeu prendre assez bien mon temps pour me sacrifier, avec un escadron, et me faire blesser et prendre prisonnier à la bataille de Dunkerque, pour lui donner le loisir de s'enfuir et de s'empescher d'estre pris, ce qui estoit presque inévitable, si je n'eusse fait ce que je fis, à la teste du régiment d'Anguien, comme tout le monde sçait.

Enfin j'apprens que toutes les plaintes que Monsieur le Prince fait de moy consistent en deux points :

Le premier que je me suis mal conduit dans l'affaire de l'argent d'Espagne, et l'autre que je me suis laissé aller à des discours contre le respect que je dois à sa qualité.

Au premier je respons qu'on ne peut pas garder plus de mesures, ni avoir plus de considérations pour lui que j'en ay eu, car bien que je sçeusse que c'estoit un bienfait et une récompense qui venoit immédiatement du Roy d'Espagne, par un accord passé entre les ministres des deux Couronnes, dont Monsieur le Prince, pour sa propre gloire vraysemblablement ne se devoit plus mesler, je ne laissay pas de m'adresser à Caillet, son secrétaire, pour sçavoir ce que j'aurois à faire pour toucher mon argent, et Caillet ne me voulant rien respondre, je priay M. le président Viole [1] de sçavoir de Monsieur le Prince s'il ne trouveroit pas bon d'ordonner à celui qui estoit chargé des lettres de change de me délivrer mon argent ; il respondit au sieur président Viole qu'il ne me devoit cet argent, ni par justice, ni par grâce, ce furent ses propres termes : *par justice*, parce que j'avois encore une des charges dont on m'avoit voulu récompenser, et que, *de grâce*, il ne m'en vouloit point faire.

[1] Pierre Viole, président en la quatrième chambre des enquêtes. (*Catalogue des conseillers au Parlement*, pag. 129, à la suite des *Présidents au mortier*, de Blanchard. Paris, Besongne, 1647, in-fol.)

La chose s'est passée justement comme cela, et les gens de qui je parle sont en vie; ils n'en disconviendront pas. C'est sur cela que j'ay esté obligé de demander justice au Roy d'une telle violence, car ce n'est pas à Monsieur le Prince à s'enquerir, ni prendre connoissance des libéralitez que le Roy d'Espagne m'a voulu faire. C'est une chose arrestée et stipulée par la paix qu'il ne peut changer, sans violer la justice et la foy publique d'un traité général; et pour l'autre point qui regarde ses plaintes du manquement de respect, j'avoue que j'ay dit qu'il n'estoit pas glorieux à Monsieur le Prince de se servir de son pouvoir pour opprimer un homme qui n'en pouvoit pas espérer de satisfaction; que ceste vengeance estoit basse; qu'il sçavoit les obligations qu'il m'avoit, et que ce n'estoit pas le plus bel endroit de sa vie de traiter de cette manière un homme de qualité qui avoit tant fait de choses pour luy, et que si nous avions esté de qualité égale, il n'en auroit peut-estre pas usé de la sorte.

Je dis de plus à son secrétaire que cela estoit surprenant que Monsieur le Prince, à son retour en France, eût traité avec tant de modération ses plus grands ennemis, qui l'avoient outragé en sa personne, et qu'il passast sa colère sur ses amis, qui avoient sacrifié leur vie, leur bien et leur fortune pour luy.

Dans la plus grande chaleur de cette affaire, on m'avertit de tous costez de prendre garde à moy, et

que Monsieur le Prince se pourroit porter à quelque
extremité contre moy. Je confesse ingénuement que
je répondis à ceux qui me donnoient ces avis-là qu'il
ne pouvoit prendre en ce rencontre qu'un de deux
partis; l'un de me faire assassiner et l'autre de me
faire un outrage de sa personne à la mienne. Que
quant au premier, il estoit trop généreux pour vouloir deshonorer sa vie par une lascheté de cette nature, et que d'autre costé il avoit rendu la mienne
et ma fortune si malheureuses que ce ne seroit peut-
estre pas la plus meschante récompense qu'il me pût
donner que de finir l'une et l'autre, me voyant avancé
en âge, sans avoir aucun establissement dans le monde,
ny dignité.

Et pour ce qui estoit de me faire quelque outrage de sa personne à la mienne, que je ne luy con-
seillois pas de l'entreprendre, et que je n'estois ni
de qualité, ni d'humeur à le souffrir, et qu'il falloit
tuer les gens faits comme moy plustost que de les
offenser.

Voilà sincèrement ce qui s'est passé en ce rencontre, où Monsieur le Prince a pris un party si injuste
et si cruel avec moy, qu'il ne doit pas trouver étrange
le ressentiment d'un homme de qui il a ruiné la fortune et à qui pour récompense il déclare la guerre,
au lieu de conserver la dernière reconnoissance pour
de si grands et de si longs services, où j'ay dissipé
une grande partie de mon bien. J'ay grand sujet de
croire que si je n'avois point eu d'argent à toucher

des Espagnols, Monsieur le Prince ne se seroit pas plaint de moy; il m'auroit traité aussy civilement que Messieurs de Luxembourg [1] et de Rochefort [2]; mais ces malheureux douze mille escus ont fait tout le désordre.

[1] François-Henry de Montmorency, duc de Piney-Luxembourg, fit ses premières armes à la bataille de Rocroy, en 1643; il suivit ensuite M. le Prince, *s'étant attaché à sa personne dans les différents partis qu'il prit.* Il fut promu à la dignité de maréchal de France, au mois de juillet 1675. (*Père Anselme,* tom. VII, pag. 613.)

[2] Henry-Louis d'Aloigny, marquis de Rochefort, *servit dès sa première jeunesse sous M. le Prince, qui le fit capitaine de sa compagnie de gendarmes.* Après la mort de Turenne, en 1675, il reçut le bâton de maréchal de France. (*Père Anselme, ibid.,* pag. 614.)

ADDITION A LA NOTICE.

On a omis d'indiquer, dans la Notice préliminaire, une édition des *Petits Mémoires*, que Lemontey, de l'Académie française, avait préparée, dans l'ignorance où il était de la publication de M. Musset-Pathay.

Naturellement porté vers l'esprit de système, Lemontey rencontra, dans l'opuscule du comte de Coligny, des idées qui coïncidaient avec les siennes. Il prit le comte au mot sur l'ambition démesurée du prince de Condé, et son dessein d'usurper le trône. Lemontey crut y voir la principale cause des troubles qui agitèrent l'État pendant la régence d'Anne d'Autriche, et il lui sembla qu'un système fondé sur cette base, encore inaperçue, donnerait à l'histoire de la Fronde une face nouvelle et plus piquante. Préoccupé de cette pensée, il ne reculait pas devant les conséquences extrêmes auxquelles pouvaient conduire les expressions, dictées par la haine, qui jaillissent de la plume du gentilhomme ulcéré. Afin de n'être pas accusé de prêter à Lemontey des pensées qu'il n'aurait pas eues, on citera ses propres paroles. « La Fronde, dit-il, n'a point encore eu d'historien « assez sérieux, et nous n'en connaissons que la surface et « le ridicule. Le but du prince de Condé ne sera bien révélé « que par la publication des Mémoires, encore inédits, « du comte Jean de Coligny, où l'on verra que ce pré- « tendu divertissement de gentilshommes n'allait à rien « moins qu'à renverser l'ordre de succession à la cou- « ronne [1]. »

[1] Notice sur le cardinal de Retz dans les *OEuvres de Lemontey*. Paris, Sauteley, 1829, in-8°, tom. III, pag. 277.

Ce fut aussi au marquis Garnier que Lemontey dut la communication des *Petits Mémoires*. Il les conserva dans son portefeuille pendant un espace de temps assez long; puis, voyant que MM. Petitot ne les avaient pas placés dans la collection des Mémoires relatifs à l'histoire de France, il se disposait à les publier, quand la mort le surprit. Son intention était de les joindre, comme pièce justificative, à la nouvelle édition de l'*Essai sur l'établissement monarchique de Louis XIV*. Lemontey est mort le 18 juin 1826 [1], au moment même où M. Musset-Pathay faisait paraître ses *Contes historiques* [2]; les *Petits Mémoires* furent imprimés dans les œuvres de Lemontey, [3], conformément à ses intentions.

MM. Petitot n'avaient pas jugé à propos de joindre les *Petits Mémoires* à leur collection. L'opuscule de Coligny tenait trop de la nature du pamphlet pour mériter de prendre place parmi les documents sérieux de l'histoire [4]. Cette opinion était aussi la nôtre, et nous y persisterions encore, si des Mémoires étendus et importants, retrouvés depuis, ne nous avaient paru mériter un beaucoup plus haut degré de confiance.

Avant de terminer, il ne sera pas inutile de donner ici quelques renseignements sur les manuscrits qui peuvent encore exister des *Grands Mémoires* du comte de Coligny.

On lit dans le catalogue du comte de Vence :

N° 924. *Mémoires de Jean, comte de Coligny, lieute-*

---

[1] Notice sur P. E. Lemontey, en tête de ses *OEuvres*, p. xiv.

[2] M. Musset-Pathay adressait son livre à l'éditeur par une lettre du 17 juin 1826, demeurée jointe à l'exemplaire. Il lui disait que l'ouvrage n'était pas encore en vente.

[3] *OEuvres de Lemontey*, tom. V, pag. 177.

[4] Voir une note sur les *Mémoires de l'abbé de Choisy*, t. LXIII, pag. 206 de la 2ᵉ série de la collection Petitot.

nant général des armées du roi, depuis 1635 *jusqu'en* 1681. *In-folio, manuscrit*[1].

On ignore ce que sera devenu ce manuscrit.

Un autre renseignement est parvenu à l'éditeur. Il se trouve au procès-verbal de la séance du comité des chartes et chroniques, établi près de M. le ministre de l'instruction publique, à la date du 23 juin 1839. On y lit ce qui suit :

« M. Pierquin de Gembloux signale deux manuscrits « appartenant à un habitant du département de l'Indre. « L'un est écrit en entier de la main du comte Jean de « Coligny ; il lui paraît contenir des détails curieux et in- « connus relatifs au grand Condé. Le Prince est très-mal- « traité dans ces Mémoires plus que scandaleux, dont le « manuscrit a été transmis de génération en génération, « avec défense de le publier. Un autre volume contient des « lettres adressées par divers personnages au comte Jean de « Coligny, lorsqu'il était ambassadeur. »

Le comité n'a pas pensé que ces indications fussent suffisantes pour amener une publication, et l'on n'a pas été plus loin.

Il y a environ treize ans qu'une communication analogue nous avait été faite.

M. le comte de Salaberry, ancien député, ayant lu dans la collection Petitot la note sur les Mémoires de Choisy, indiquée plus haut, nous adressa, le 10 avril 1830, les renseignements suivants :

« Le comte de Coligny a pu écrire des souvenirs sur les « marges d'un missel ; mais ce qui mérite plus le nom de « ses Mémoires, sans être même ainsi intitulé, c'est un

---

[1] *Catalogue des livres, tableaux, dessins et estampes de feu M. le comte de Vence*, Paris. Prault, 1760, in-8°, pag. 80.

« gros manuscrit, ou plutôt un journal, un registre ma-
« nuscrit, écrit d'un bout à l'autre, de deux pages l'une,
« et au bout du gros volume en sens inverse, de sorte que
« la moitié du manuscrit est de haut en bas, et l'autre de
« bas en haut. Ce manuscrit, qu'on doit appeler les Mé-
« moires originaux, contient, à leur lieu et place, nombre
« de lettres autographes de Louis XIV, de Monsieur, du
« prince de Condé et d'autres personnages du temps, avec
« lesquels le comte de Coligny a eu des relations. Ces Mé-
« moires, qui sont adressés à son fils, se terminent par cette
« moralité : — « Mon fils, que mon exemple vous instruise,
« en ne m'imitant pas, et si vous voulez parvenir, tenez-
« vous toujours en bonne posture auprès des ministres du
« Roi. » Ce manuscrit original est entre les mains de M. Des
« Méloises, secrétaire général du département de Loir-et-
« Cher, qui le tient de famille, sa mère, née de Fresnoy, en
« ayant hérité, comme dernière descendante des Coligny.»

Cette communication officieuse nous donna un grand
désir de connaître ces Mémoires de Coligny, si différents
des Petits Mémoires ; mais il fallut y renoncer, puisque la
famille qui possédait le manuscrit s'opposait à sa publication.

Dans ces entrefaites, nous avons acquis une copie des
Mémoires de Coligny, dont la reliure est aux armes du
marquis de Langheac, cousin des Coligny-Saligny, par son
père, qui était de la branche des Coligny-Crescia. Tout
nous porte à croire que la copie, ainsi conservée dans la
famille, a été faite sur le manuscrit original.

Nous n'étions pas autorisés à publier ces derniers renseignements quand la Notice a été mise sous presse ; c'est ce
qui nous a empêché de faire connaître alors ces détails, à
l'égard desquels le silence ne nous est plus recommandé.

(Mars 1843.)

TABLE DES MATIÈRES

CONTENUES DANS LES MÉMOIRES

DU COMTE DE COLIGNY-SALIGNY.

A.

M.

O.

P.

FIN.

www.ingramcontent.com/pod-product-compliance
Lightning Source LLC
Chambersburg PA
CBHW070616100426
42744CB00006B/506